Med Kamel YAHIAOUI

Berbères et Arabes, l'histoire controversée

Copyright© Med Kamel Yahiaoui - Tous les droits de l'auteur protégés dans tous les pays.

© 2019, Yahiaoui, Med Kamel
Edition : Books on Demand,
12/14 rond-Point des Champs-Elysées, 75008 Paris
Impression : BoD - Books on Demand, Norderstedt, Allemagne
ISBN : 9782322039791
Dépôt légal : juin 2019

Avec la contribution imminente de Mme HAMANI-YAHIAOUI Lylia, pour la partie documentaire en langue Anglaise et Arabe.

Pour faciliter la compréhension de l'œuvre au sens large, l'auteur utilise les expressions « Berbères » pour Imazighen, « Berbérie et Gd Maghreb » pour Tamazgha et « langue berbère » pour le Tamazight.

« Le berbère est comme un arbre dont les racines profondes émergent du fond de sa terre, bien qu'irrigué par d'autres fleuves pour enrichir ses branches. »

L'auteur

Préface

Je me suis attardé particulièrement sur les anciennes périodes qui suscitent des controverses historiques jusqu'à nos jours, car la période contemporaine est, plus au moins, connue de tous sauf qu'elle est entachée de contre-vérité à propos de l'identité berbère.

Le passé et l'origine des peuples sont, en quelque sorte, la lanterne qui éclaire notre présent et notre futur et nous savons tous qu'ils sont, de nos jours, tronqués pour diverses raisons.

Toutes les civilisations qui s'implantèrent dans la BERBERIE (l'actuel grand Maghreb) tels les Carthaginois, Byzantins, Romains, Arabes ou Turcs, bien que nous les nommions sous le vocable d'occupants, ont su enrichir les Berbères de leur culture, créer des liens de sang et instituer une dualité de pouvoir alternant, soit une cogestion régalienne avec les autochtones, ou leur laissant une totale indépendance quant à la gouvernance de leur pays.

Mieux encore, les dirigeants berbères furent même promus à d'illustres fonctions en dehors de leur propre pays comme Septime SÉVÈRE d'origine berbère qui deviendra Empereur de Rome suivi de ses propres fils GARACALLA et GELA, sans oublier cet autre berbère SAINT AUGUSTIN qui deviendra un des pères de l'Église.

SHESHONG 1er, un autre authentique berbère, dix siècles avant Jésus-Christ ira destituer le pharaon d'Égypte, et gouverner lui et sa descendance pendant un peu plus de deux siècles non seulement l'Égypte, mais également les pays limitrophes.

L'ère arabe, ce sera les grands empires berbères islamisés comme les Almoravides et les Almohades, suivis de tant d'autres dynasties berbères qui vont étendre leur puissance jusqu'en Espagne, créer des états indépendants et s'imprégner de l'âge d'or des sciences en Andalousie.

La France comme les Anglais en Asie, les Portugais et les Espagnols en Amérique du Sud, se verra échoir, dans la répartition des pays à coloniser par les Occidentaux, le pré carré de l'Afrique du Nord et l'Afrique de l'ouest pour ne citer que les plus importants.

Contrairement aux précédentes civilisations en BERBERIE, la France pratiquera une véritable colonisation des peuples et de leurs territoires.

Quel que fût le mode d'occupation, appellation de « Département français pour l'Algérie », « protectorat » pour la Tunisie et le Maroc, les raisons et les faits étaient, à quelques nuances près, analogues dans les trois pays.

Contrairement, enseigner et développer la civilisation, que disait la France de l'époque, les raisons véritables étaient d'ordre économique et la soumission des peuples pour agrandir son empire imitant en cela les anglais.

En plus d'un siècle de colonisation, les pays berbères vont être dépossédés de leurs biens, divisés dans leur rang et déculturés sciemment pour asseoir l'autorité colonialiste sans partage de pouvoir.

De nos jours, les stigmates de la colonisation française perdurent et il serait temps de s'en guérir.

Revisiter l'histoire de nos ancêtres qui a été tronquée ou controversée pour des raisons multiples serait l'une des démarches à accomplir pour recouvrer la gloire de nos aïeux, l'authenticité de nos origines et la fierté qui s'y attache.

Mais pour que cela soit effectif, il faudrait se défaire des préjugés que l'on nous a inculqués, celle de l'identité qui consiste à scinder en deux des peuples de la même origine berbère, ceux qui parlent encore la langue berbère et ceux qui ne la parlent plus.

Exclure à tort la totalité des Berbères linguistiquement arabisés de leur origine berbère nécessite aujourd'hui que les historiens, les instances étatiques et la société civile s'y attachent sérieusement afin de clarifier cette inqualifiable controverse alors que même des études génétiques confirment l'appartenance à un seul et même peuple.

Il faut également être à l'avant-garde contre ceux qui, par avidité de pouvoir, par intérêts économiques ou par simple sectarisme, sont à l'affût du moindre prétexte pour créer l'irréparable division.

« Le Maghreb est une partie intégrante et indissociable de la berbérie « tamazgha », tous ses habitants sont des imazighen d'origine, d'alliance de sang ou de culture à des degrés divers, personne n'a le monopole de l'amazighité pour exclure une partie d'entre elle ».

Chapitre I

BERBÈRES DANS L'ANTIQUITÉ

Au MAGHREB, nous sommes tous des Berbères, mais aussi un peu phéniciens, carthaginois, romains, byzantins, arabes, turcs, espagnols ou français.

Origine :

Nos ancêtres, les Berbères les plus proches en date, les authentiques autochtones dit « Berbère », « Amazigh » ou « Libyen », selon l'hypothèse la plus probable, sont venus à l'origine du cap de Gafsa (Tunisie) vers - 5 000 ans avant Jésus Christ.

Ces hommes supposés avoir un aïeul commun du nom de MAZIGH, duquel descendraient les deux branches BOTR et

MADGHIS ou BRANES. Ils vont peupler le Sahara algérien et l'atlas sahélien jusqu'aux confins du Mali et du Niger, à l'époque où ce même Sahara était hospitalier, riche et verdoyant (-5 000 ans av. J-C.), se fondre dans les peuplades locales, monter progressivement, vers le nord de l'actuelle Algérie, les Aurès en premier. (MADRACEN, un de leur ancêtre, est attesté par son tombeau édifié quatre siècles avant Jesus Christ, dans le village Boumia à Batna) et se déverser ensuite sur l'ensemble du territoire algérien et au-delà, tel le territoire mauritanien, marocain, tunisien, libyen et même égyptien.

Si pour les Berbères, leur origine est quasiment établie par la préhistoire, par leur langue et leur présence continue dans la zone du grand Maghreb dont ils sont les vrais autochtones, il n'en demeure pas moins de nombreuses controverses, suscitées par les civilisations, qui s'implantèrent sur la terre berbère.

Chacun d'entre eux avait une définition de l'origine berbère pour des raisons plus idéologiques et politiques qu'historiques afin de justifier leur présence, leur supposée prééminence ou leur domination des territoires berbères.

Ainsi, les Européens évoquent une origine européenne, les Arabes attribuent une origine arabe, sans oublier, les plus fantaisistes d'une descendance juive, persane, celtique, germanique ou ibérique, etc.

Mis à part la notion d'origine, l'on va même qualifier religieusement les Berbères de chrétiens alors que les Berbères, ont toujours été polythéistes (croire en plusieurs dieux) et ce, quasiment jusqu'au quatrième siècle après la naissance de Jésus Christ malgré l'Édit de Thessalonique de l'empereur Théodose, qui décrétait en l'an 380 que le christianisme était la seule religion acceptable dans son empire.

Les peuples, les royaumes et le premier contact avec d'autres civilisations :

À cette époque, les territoires étaient scindés en confédérations regroupant plusieurs tribus ou sous-tribus, à la tête desquelles il y avait un chef de tribu assisté de chefs de guerre aguerris pour la défense de la communauté, le maintien de l'ordre et la justice, ainsi que des assemblées d'élus choisis parmi les hommes les plus âgés qui géraient les aspects sociaux et l'arbitrage des conflits entre ses membres.

La plus grande masse de ces Berbères s'est progressivement installée dans le Constantinois algérien, essentiellement dans les Aurès et ses environs.

C'est également dans cette région que naissaient la majorité des grands rois de Numidie :

– MADRACEN, ancêtre des tribus berbères né et mort dans LES AURES (Tombeau à DOUMIA – BATNA)

– GAÏA, le père de Massinissa né à AIN

FAKROUN et mort à ANNABA

*– MASSINISSA né à AIN FAKROUN ?
Et mort à CIRTA – CONSTANTINE
Tombeau à El Khroub*

*– TAC FARINAS né à SOUK AHRAS et
mort à TLEMCEN*

*- MICIPSA, né et mort à CIRTA
(Constantine)*

*- JUGHURTA né à Cirta (Constantine) et
mort à Rome*

*– KOCEILA (Agsilla) né dans LES
AURES et mort en TUNISIE*

*– KAHINA née dans LES AURES et
morte à KHENCHELA*

*– JUBA I né à ANNABA et mort à CIRTA
(CONSTANTINE)*

*JUBA II né à ANNABA et mort à TIPAZA
(CHERCHELL)*

***PTOLÉMÉE DE MAURITANIE**, né à Cherchell et mort à Rome.*

***SYPHAX** né à **EL MADHER – BATNA**, mort emprisonné à Rome. Un tombeau vide avait été érigé à sa gloire à **AIN T'ÉMOUCHENT**, ville de son royaume.*

***FIRMUS** né à **THENIA** (Kabylie) et mort en Mauritanie Césarienne.*

***TIN HINAN**, reine des Touaregs née au nord du Sahara et morte à Abalessa (Tamanrasset)*

C'est à partir de cette époque que se construiront en forme de royaumes dynastiques, les structures étatiques de l'époque, les puissants royaumes de Numidie ayant pour siège initial la ville de Cirta (actuelle Constantine), puis le centre et l'ouest de l'Algérie (dans les actuelles villes de Sétif et de Cherchell) jusqu'au nord-est du Maroc.

La première vague de contact avec les autres peuples fut l'arrivée des Phéniciens, puis les Carthaginois au VIIe siècle avant

Jésus Christ, installés en premier dans la célèbre et florissante Tunisie de l'époque.

Les autochtones berbères, tout en préservant leur mode tribal ou confédéral, la langue, les traditions ancestrales et les cultes religieux ont cependant su tirer profit au contact de ces premières civilisations phéniciennes d'abord, puis carthaginoises ensuite.

La création du royaume numide, unifié par le roi berbère **MASSINISSA** en -204 av. J-C., après la mort de son père GAÏA à Cirta, la ville de Constantine. Notons que du temps de son père **GAÏA**, des autorités tribales et confédérales existaient déjà et étaient parsemées sur l'ensemble du territoire, avec des alliances ou des rivalités entre elles localisées principalement en Algérie et la Tunisie carthaginoise.

MASSINISSA a eu l'ingénieuse idée d'unifier l'ensemble des tribus berbères et créer un véritable royaume numide, qui s'étendait sur une partie de la Tunisie, l'actuelle Algérie, jusqu'au fleuve de la Moulouya au Maroc, et au-delà telle était l'illustration majeure de ce royaume, bien que les aïeuls Berbères, formassent déjà de puissants royaumes allant jusqu'à annexer des territoires aux puissants pharaons d'Égypte en l'an 950 av. J.-C *.

* **CHACHNAK** (Sheshong 1er) originaire des tribus berbères de Libye avait trôné en Égypte et au-delà en déposant le roi Ramsès II, un certain mois de Yennayer, il y a de cela presque trois mille ans. Ce mois devenu anniversaire est d'ailleurs considéré comme le jour de l'an amazigh dont nos aïeux ont conservé les pratiques et les rituels de sa commémoration, datant de bientôt trois mille ans. Néanmoins, les Berbères comme tous les autres peuples de l'époque célébraient l'arrivée des saisons, YANNAYER était aussi l'une de ces célébrations, autant dire que YENNAYER n'est pas forcément que l'an amazigh, mais aussi une fête saisonnière pour les récoltes de l'année.

Ethniquement, jusqu'alors, les brassages étaient surtout d'ordre tribal ou confédéral entre Berbères dans ses différentes composantes, mais, à cette époque déjà, le sang berbère reçut quelques hémoglobines étrangères à son ethnie et en donna aussi à d'autres peuples tels que les Phéniciens, les Carthaginois et plus tard, les Romains et les Byzantins.

CHACHNAK lui-même épousa **Karoma 1re** et **Pentreshmès**, deux reines égyptiennes, ses troupes militaires et sa descendance avaient brassé le sang berbère non seulement avec les Égyptiens ou sa dynastie régna plus de deux siècles, mais aussi, dans les pays limitrophes tels la Palestine, le Liban, Irak et la Syrie, noms des pays actuels.

La légende était que **DIDON**, fuyant l'actuel Liban après l'assassinat de son conjoint, vînt avec une nombreuse suite, acheta des terres aux Berbères de l'actuelle Tunisie sur lesquelles elle construisit Carthage. Bien que l'histoire ne le dise pas, il y a lieu de penser que parmi les accompagnants de cette légendaire reine, il y avait probablement des Berbères descendants de la dynastie des **CHACHNAK** et de ses troupes qui peuplèrent également le Liban.

Ces unions mixtes seront facilitées entre les Berbères et les habitants venus s'installer à Carthage, ainsi que les Phéniciens avant eux, d'autant qu'il n'y avait pas une entrave religieuse, car la plupart des peuples de l'époque, tout comme les Berbères, étaient polythéistes et vénéraient des dieux semblables ou communs tels la sacralisation des animaux, les astres, les ancêtres et des lieux.

La croyance en ces dieux communs dont des historiens de l'antiquité s'accordent à dire qu'un grand nombre des dieux et déesses provenaient de la mythologie berbère comme le dieu Ammon, un culte berbère, qui a été adopté par d'autres civilisations sous une autre appellation, comme "**Amon de Siwa**" pour les Égyptiens, « **Baal Ammon** » pour les Carthaginois et même « **Zeus** » pour les Grecs, pour ne citer que les plus importantes d'entre elles.

Un autre personnage, non des moindres, sera le dieu **OSIRIS** également d'origine berbère dont les Égyptiens et les Grecs avaient adopté le culte.

Et enfin la déesse **TANIT**, divinité féminine dont le trophée se trouve de nos jours à SALAMMBO près de Tunis qui, plusieurs siècles après, est encore évoqué du nom de « Oum » ou « Tamou » par les Tunisiens contemporains.

Ces unions se contractaient aussi bien par les citoyens berbères avec les autres peuples, mais également et surtout par des princes et rois berbères avec d'autres ethnies de même rang.

Seul échec, le roi berbère **IARBIAS** qui avait demandé en mariage la reine Didon ; elle refusa cette alliance et s'immola par le feu pour préserver son peuple de la menace de son prétendant due à son refus de l'épouser.

Malgré l'infortuné roi IARNIAS,

CHACHNAH épousa **Karoma 1re** et **Pentreshmès, deux reines égyptiennes**

HANNIBAL épousa **IMILCEE, une princesse espagnole**

JUBA II épousa **Cléopâtre Séléné**, fille de Cléopâtre, *reine d'Égypte et de Marc*

Antoine, général romain.

*MASSINISSA eut plusieurs **conjointes d'origine non berbères***

MEPHANIA, le roi berbère des Aurès, épousa **une Romaine** qui donnera naissance à son fils et successeur **MASSONÄS** appelé aussi **MAZUNA.**

LAUDAS, également un roi berbère des Aurès épousa **une Romaine**

CUSINA est né d'un père berbère et d'une mère **romaine.**

PUBLIUS SEPTIMUS GETA, nom berbère romanisé, épousa la Romaine **FULVIA PIA**

SEPTIME SÉVÈRE, le premier Empereur de Rome, d'origine berbère, épousa **l'impératrice syrienne JULIA DOMNA**, sa seconde conjointe.

Les mariages royaux ou princiers étaient, pour l'époque, un gage d'alliance, pour consolider les pouvoirs des rois et leurs puissances contre d'autres royaumes ennemis.

Parmi les exceptions la **reine Sophonisbe** de sang purement berbère, la fille de **HASDROBAL GISCO** qui épousa, sous la contrainte, le roi berbère **SYPHAX** alors qu'elle était promise au roi **MASSINISSA** et qui au demeurant, pour cette raison, opposa les deux rois berbères à s'allier l'un avec les Carthaginois contre les Romains et le second avec les Romains contre Carthage.

Le sang berbère se mélangea un peu plus avec l'arrivée des Romains vers la fin du IIe siècle av. J.-C., par les alliances de pouvoirs et de sang des royaumes numides et romains pendant quasiment cinq siècles.

Quand on sait le roi Massinissa avait une quarantaine de conjointes et pas forcément que de sang berbère ainsi que ses propres enfants, quarante-trois garçons et autant de filles mariés à de nobles carthaginois et Romains on peut donc imaginer le brassage parmi sa seule descendance.

Pour cette époque, c'est avec les Romains que les Berbères eurent plus d'accointances, tantôt alliés tantôt contre, mais cela n'empêchera pas tout au contraire, de favoriser l'imprégnation de la civilisation et la culture romaine sur les Berbères et réciproquement celle des Berbères sur celle des Romains, et ce, bien plus qu'elles ne le furent avec les précédentes civilisations.

Nombre de villes et de sites romains construits en Algérie, mais également en Tunisie, en Libye et dans une moindre mesure au Maroc, à l'intérieur et autour des villes vivaient socialement des autochtones berbères, Berbères romanisés, des Romains d'origine ou légionnaires romains, un melting-pot qui profitait généreusement des spectacles dans les arènes et du bienfait des thermes romains.

On y trouve de nos jours, quelques stèles en pierre et statues, sur lesquelles figurent, tantôt en latin tantôt en tifinagh, les noms de dignitaires berbères dans les propres enceintes des villes romaines.

Là encore, la civilisation romaine, par sa durée, a laissé d'ineffaçables traces de civilisation, de culture et de mode de vie.

Ainsi, après plus de 2000 ans, l'on retient encore des expressions typiques, faisant référence à cette époque, comme (**Backhèst biya**) qui signifie (**tu m'as fait honte**) pour illustrer la trahison de **BOCCHUS** qui avait livré son gendre JUGHURTA aux Romains ou encore, le qualificatif de « **BOUDERBALA** », qui fait référence à la déchéance du roi ADHERBAL par JUGHURTA.

L'Empire romain au Maghreb, comme sur le pourtour de la Méditerranée, prônait une sorte de politique bicéphale ; il avait rarement le pouvoir absolu sur toutes les régions. Il contractait des alliances avec les rois berbères en les associant au pouvoir et laissait certaines contrées moins stratégiques aux tribus et fédérations berbères qui jouissaient ainsi de leur totale indépendance.

L'apport des Romains, hormis le mélange de sang commun berbère romain, était également d'ordre culturel et religieux partageant le polythéisme jusqu'à l'arrivée du christianisme à ses débuts au quatrième siècle.

Des rois berbères, leur descendance et des dignitaires fréquentaient, comme ils le furent modestement avec les Phéniciens et les Carthaginois, les cours impériales de Rome et accédaient ainsi aux prestigieuses écoles ou s'enseignaient la civilisation et les langues latines et gréco-romaines en plus de leur langue vernaculaire qu'était le berbère. Il était même assez courant que des rois, princes, généraux et lettrés berbères débaptisassent leur nom d'origine berbère pour porter des noms romanisés.

D'autres rois et princes berbères, furent romanisés et accédèrent aux plus hautes fonctions de l'Empire romain, et même celle d'Empereur de Rome comme **Septime SÉVÈRE**, un berbère originaire de Lapsus Magna en Libye, qui fut le premier empereur non romain à accéder à cette fonction suprême, ainsi que ses propres fils **CARACALLA, GELA**, notamment l'empereur **MACRIN**, berbère originaire de l'actuelle Cherchell en Algérie ainsi que son fils

DIADUMENIEN.

Des illustres Berbères comme **HANNIBAL** le Tunisien, ce général militaire que l'on cite souvent dans le monde pour ses techniques de guerre, **Septime SÉVÈRE** le Libyen premier Empereur berbère non romain et enfin **Saint AUGUSTIN** l'Algérien, un des trois pères de l'Église, sont cités, comme par un déni de l'histoire, dans le monde sans y faire référence à leur origine berbère.

À l'époque, le berceau des civilisations se concentrait au pourtour de la Méditerranée côtés nord et sud et la position centrale de l'Algérie et celle de la Tunisie, ainsi que la Libye fut le terrain propice pour les Berbères, de s'imprégner des civilisations successives des Phéniciens, les Carthaginois, les Romains et les Byzantins.

Mais l'on occulte souvent l'apport de nos ancêtres berbères dont la concentration majeure fut les Aurès de l'actuelle Algérie qui, tout en conservant leurs us et coutumes ancestraux, ont su mettre à profit l'apport des autres civilisations, jusqu'à rivaliser avec les empires des plus puissants.

Cette rivalité ne s'est pas faite que sur le plan de pouvoir ou de puissance militaire, mais aussi le plan culturel. L'histoire retiendra ces écrivains ou prédicateurs religieux de ce fief de l'Algérie, dont les noms ont été romanisés tout comme le grand nombre de rois d'origine berbère pour ne citer que les plus illustres d'entre eux, qui honorèrent l'ensemble des Berbères du grand maghreb et au-delà :

- **FRONTON**, né à Cirta, l'actuel Constantine est algérien
- **APULEE** né à M'Daourouc dans la région de Tebessa est algérien
- **TURTULLIEN**, né à Carthage qui a marqué son territoire à mi-chemin entre l'Est algérien et la florissante Carthage.
- **LINUCIUS FÉLIX**, né à Tébessa dans l'Est algérien
- **PRISCIEN** né à CHERCHELL, dans l'Ouest algérien

Ou encore **SAINT AUGUSTIN**, né à

Souk-Ahras dans l'Est algérien, philosophe et homme d'Église, qui joua un rôle prépondérant dans le christianisme jusqu'à devenir un des principaux pères de l'Église.

Aux Romains, succédèrent les vandales au Ve siècle de notre ère, sans des apports significatifs, sinon, d'avoir été combattu vigoureusement par les Berbères, seuls ou avec le concours des Byzantins, durant plus d'un siècle

Leur réputation justifie à elle seule qu'ils étaient plutôt destructeurs que bâtisseurs, heureusement leur occupation ne s'était limitée qu'à quelques villes côtières.

Ensuite, c'est au tour des Byzantins au VIe siècle de notre ère qui s'installèrent primitivement en Tunisie. Et là encore, ils se confrontèrent à la résistance légendaire des Berbères qui ont su les contenir dans les seules zones côtières de la Numidie leur interdisant ainsi de pénétrer à l'intérieur du pays.

L'Empire byzantin, initialement conquérant, finit par tempérer ses ambitions en s'alliant avec les principaux rois berbères de l'époque, **MASSÔNAS**, le roi berbère de la Mauritanie Césarienne, **LABDAS** le roi berbère des Aurès, et **ANTALAS** le roi de la Bysancène (actuelle Tunisie).

Le général Byzantin **BELISAIRE**, par ces alliances, incorpora la redoutable armée berbère à la sienne pour entraîner la chute de l'empire vandale et faire face aux menaces contre son propre empire d'Orient.

L'objectif de cette alliance, les Berbères voulaient défaire les vandales et recouvrer des parties de leur territoire, les Byzantins pour maintenir leur empire vacillant.

Dans ces pays, après le départ progressif des conquérants étrangers des territoires berbères, il n'y avait plus aucune structure réellement étatique. Le pouvoir redevient comme par le passé, d'ordre tribal ou confédéral acquis ou imposé par les rapports de force des puissances tribales, fédérales, d'alliances de sang ou d'intérêts communs, les hiérarchies sociales et militaires propres aux Berbères furent rétablies.

Seules quelques contrées gouvernées par les Byzantins ou leurs alliés berbères jouissaient d'un semblant de structure de gouvernance ou encore quelques chefs de tribus qui adoptèrent les structures socioculturelles et militaires de l'Empire romain.

Les us et coutumes devenaient à nouveau les plus pratiqués, le judaïsme et le christianisme y étaient déjà minoritairement implantés, le premier était restreint à la seule minorité d'origine juive qui s'était implantée en Berbérie essentiellement à la destruction des trois temples de Jérusalem, ceux arrivés avec les Carthaginois venus d'orient, les juifs expulsés d'Espagne, par le roi wisigoth SISEBUT au début du VIIe et lors de la Reconquista espagnole au XVe siècle, et enfin, celle arrivait plus tard, avec l'occupation française.

La religion juive était répondue chez les migrants juifs en Berbérie, mais n'eut pas beaucoup de conversions des Berbères dues principalement au judaïsme rabbinique qui était hostile au prosélytisme et à la rigidité même de cette religion ; en effet, c'était la mère juive qui transmettait le statut de juif, mais elle ne pouvait épouser, selon la Torah, la Bible juive qu'un juif à l'exclusion de toute autre ethnie.

Cette restriction faisait que la communauté juive de l'époque, comme celle implantée à Djerba en Tunisie, dans la vallée du Mzab en Algérie, dans le mont Néfoussa en Libye et dans l'antique Volubilis au Maroc était celle qui pratiquait en majorité le judaïsme.

Cependant, les Berbères accordaient à la communauté juive sa participation dans la vie citadine et avaient leurs représentants dans les assemblées berbères, une minorité d'entre eux accéda même à des fonctions régaliennes.

De nos jours, il existe encore, dans le centre de Ghardaia (Algérie), un lieu où se réunissait l'assemblée des Berbères avec deux sièges réservés aux juifs de la contrée.

Cependant, malgré la spécificité de cette ethnie, les juifs avaient adopté les pratiques et coutumes berbères, voire la langue vernaculaire. Ils avaient joué un rôle prépondérant dans le commerce et facilité grandement les échanges grâce à la pratique de l'usure et les intérêts que leur confièrent les musulmans, car interdits par le Coran.

Nonobstant cette restriction, quelques Berbères autochtones pratiquaient le judaïsme.

Le polythéisme romain dont le fondement était l'adoration de plusieurs dieux eut quelques adeptes berbères, car les Berbères vénéraient eux-mêmes plusieurs dieux, avec une nuance cependant, les Berbères ne se déclaraient pas eux-mêmes des dieux comme le faisaient les Romains.

Le prosélytisme chrétien avait eu davantage de conversions en majorité parmi les citoyens romains ou romanisés, les légions et auxiliaires de l'armée romaine et quelques nobles berbères, bien que le polythéisme romain restât majoritaire d'autant plus que les Berbères eux-mêmes étaient à l'origine polythéistes.

Le christianisme n'a été réellement introduit, qu'à partir du IV siècle après J.C, avec l'arrivée de l'empereur CONSTANTIN 1er qui met fin aux persécutions des chrétiens et se convertit lui-même ; il autorisa la liberté de culte personnelle.

Les Berbères comme les Romains pratiquaient le polythéisme jusqu'au début du IVe siècle et bien que la croyance en un Dieu seul non palpable ni visible, alors qu'ils vénéraient des dieux multiples supposés plus puissants, le christianisme fût pratiqué concomitamment avec l'animisme berbère et il y avait eu même des prêtres et des théologiens berbères chrétiens.

Cependant, les convertis berbères, et particulièrement les donatistes de l'Est algérien (Annaba, les Aurès et l'est de la Tunisie), malgré la pondération de **SAINT AUGUSTIN**, le chrétien berbère de TAGHUSTE (actuel Souk Arras), étaient radicalement opposés à l'église de Rome.

Pour l'anecdote, les donatistes furent les premiers schistes religieux à s'opposer en contestant les prêtres catholiques de Rome ; à cette contestation s'ajouta celle des Circoncillions à la foi religieuse et surtout une rébellion sociale contre les propriétés des riches romains ou des nobles riches romanisés.

Bien que modestement relaté dans l'histoire contemporaine, on pourrait ainsi dire que le premier schisme religieux fut celui des Berbères donatistes qui prônaient déjà une laïcité en s'opposant sévèrement à l'autorité religieuse de l'Empereur en exigeant la séparation de l'État et de la religion.

Les premières révoltes sociales furent celles des circoncillions berbères, également dans la région de Hippone actuelle Annaba, les Aurès et la partie ouest de la Tunisie.

Le fanatisme religieux était également coutumier chez les circoncillions qui, pour subir le martyre se jetaient des falaises ou se suicidaient volontairement par d'autres moyens pour bénéficier de la grâce divine.

Avant et après la décadence romaine, les Berbères continuaient ou avaient repris leur religion polythéiste d'antan. Ainsi, le culte des ancêtres propre aux Berbères et les divinités comme le Dieu-Ammon, le culte du Dieu Bélier, la chèvre sacrée, les astres, la sacralisation de certains lieux spécifiques auxquels on accordait une puissance divine.

Le retour aux cultes berbères et l'abandon des pratiques religieuses des quelques convertis du judaïsme ou du christianisme vont être facilités par la persécution des vandales dès le Ve siècle après J.C, contre le christianisme et le judaïsme ; les vandales détruisirent les lieux de culte, et décimèrent pratiquement les cadres religieux en les passant par le glaive y compris les prêtres de second niveau.

Après les vandales, c'est au tour des Byzantins de s'attaquer aux religions monothéistes suscitées par des querelles doctrinales.

De nos jours en Tunisie existe la synagogue de Ghriba, la plus vieille en Afrique, vers laquelle convergeaient les communautés d'origine juive pour leur culte hébraïque.

Il reste également quelques Églises qui ont été épargnées d'une destruction même après l'avènement de l'Islam qui, quant à lui, autorisait les religions monothéistes des chrétiens et des juifs sous le statut de dhimmis qui leur garantissait la liberté de culte, la protection de leur vie et de leurs biens moyennant le paiement d'un impôt (jizyah).

Chapitre II

ISLAMISATION

C'est par la suite qu'arrivent alors les Arabes, dès le VIIe siècle de notre ère, menaient d'abord par Okba Ibn Nafah confronté à la légendaire résistance des Berbères, dont les célèbres rois **KUCEYLA** et la reine **KAHINA** dans les Aurès algériens comme celle de **TAC FARINAS** contre les Romains six siècles avant.

Le rouleau compresseur des Arabes de l'époque n'était pas forcément d'ordre militaire, mais bien plus subtil que les armes, à peine 5 000 soldats arabes auxquels se sont joints environ 12 000 Berbères convertis à l'Islam tout au long du trajet d'Égypte au Maroc lors de la première expédition des Arabes vers le grand Maghreb.

Partis d'Orient pour propager l'Islam, mais aussi asseoir leur pouvoir dans les pays conquis pour mieux servir la religion musulmane, c'est précisément les fondements mêmes de cette religion qui les avaient fait triompher et, pour mieux comprendre, il faut se situer au milieu du VIIe siècle après J.C :

L'axe de parcours principal des Arabes a été le suivant : Égypte, Libye, Tunisie, Algérie et Maroc.

Dès l'arrivée des Arabes à Fousta en Égypte, initialement pour chasser les Byzantins d'Ifrikya, la propagation de l'Islam et la conquête de territoires continuèrent vers le Grand Maghreb.

Ainsi, la propension de la religion de l'Islam avait fait un effet de boule de neige, jusqu'en Espagne, plus tard Poitiers, Malte, la Sicile et la partie sahélienne de l'Afrique.

En effet, l'islam que propageaient les Arabes, répondait essentiellement aux préoccupations politiques, sociales et conflictuelles des Berbères de l'époque, d'autant que la conversion à cette nouvelle religion de l'Islam, comparée à toute autre, était d'une simplicité évidente : il suffisait de prononcer une profession de foi pour se convertir à l'Islam.

Pour les Berbères, l'autorité tribale ou confédérale va donc passer de la position de « Chef de tribus ou de confédération » à celle de « Calife ou Émir » d'une communauté de tribus plus élargie dans sa dimension géographique et humaine, ressoudée non plus par la seule appartenance tribale, mais par adhésion au concept d'une « communauté musulmane ».

L'Islam trouva rapidement un écho favorable, mais bien après une rude résistance des Berbères telle que celle du roi **KOCEILA**, **THABET** le père de la reine **KAHINA**, puis la reine elle-même contre les premières invasions arabes qu'ils repoussèrent jusqu'aux confins de la Libye.

La force des armes ne suffisait pas à elle seule pour que les Berbères adoptent l'islam, Il est dit que l'émir Abu al-Muhajir, fin diplomate arabe, invita Koceyla afin de le rencontrer. Abu al-Muhajir avait convaincu **KOCEYLA** d'accepter l'islam et de rejoindre son armée avec une promesse d'égalité

complète entre Arabes et Berbères.
KOCEYLA, jugea l'offre sincère, se convertit à l'Islam, lui et ses enfants et incorpora ses troupes berbères dans les armées arabes en participant à leurs campagnes de propagations de l'Islam jusqu'en Espagne.

Cependant, le califat des Omeyades avait destitué l'émir Abu al Muhajir, le gouverneur de l'Ifriquia et renvoya à sa place, une deuxième fois, Okba Ibn Nafeh.

L'émir Abu Al Muhajir, avait su acquérir l'alliance de **KUCEYLA** alors que Okba Ibn Nafeh, en revenant en terre berbère, en fit autrement en allant jusqu'à humilier KOCEYLA. Parmi les traits insultants qu'il se permit envers KOCEYLA, on raconte qu'Okba, voulant égorger un mouton, ordonna à KOCEYLA de l'écorcher.

KOCEYLA lui rétorqua que ses jeunes gens et ses serviteurs pourront lui éviter cette peine. Mais OKBA persista dans ses offenses. KUCEYLA égorgea le mouton et, en repartant en colère, essuya sa main tachée de sang de la bête sur sa barbe. Pourquoi fais-tu ça ? lui demandèrent quelques Arabes présents à l'évènement, il répondit : "Cela est bon pour les poils" ; mais un vieillard d'entre eux s'écria : " Émir, ce n'est pas ça, c'est une menace que cet Amazigh vous fait !

Et, effectivement au retour de l'expédition du Maroc, KOCEYLA tendit une embuscade à OKBA et le tua de ses propres mains () dans les plaines de Tahouda près de l'actuelle Biskra en Algérie. Il vainquit les armées de Okba et se rendit jusqu'à Kairouan ou il demeura cinq années jusqu'à l'arrivée d'une nouvelle expédition arabe ou il fut tué à son tour en Tunisie lors de cette offensive.

À la mort de **KUCEYLA**, le flambeau de la résistance berbère a été repris par la reine **KAHINA** dont le père **THABET** a été également tué en même temps que KOCEYLA.

Avec le concours des troupes berbères réunies, elle repoussa les Arabes jusqu'en Libye et gouverna après la reprise de la Tunisie pendant plus 5 ans jusqu'au retour d'une nouvelle expédition arabe où elle fut tuée à son tour à Tabarka à la frontière

Tunisie Algérie, après une rude résistance.

Avant son décès, elle demanda à ses enfants de se convertir à l'Islam. Hassan Ibn Nouceir, chef de cette importante et nouvelle expédition, aurait proposé à ses enfants et aux guerriers des tribus berbères coalisées, une amnistie générale à la condition de se convertir à l'Islam et de se joindre à l'armée arabe pour la conquête de la péninsule ibérique.

Après les multiples rejets des Arabes conquérants, des chefs berbères finirent par adopter l'Islam pour consolider leur propre pouvoir, entre autres, la conversion primitive à l'Islam des chefs berbères de l'Aurès (Algérie) **KOCEYLA**, les enfants de la **KAHINA** ou encore **TARIK IBN ZIED**, de la tribu des Oulhaça d'Ain Témouchent (Algérie), mais aussi des citoyens berbères conquis par les fondements égalitaires de l'Islam et de la simplicité de conversion à cette religion ; il suffisait de citer la profession de foi (il n'y a que Dieu, Un seul Dieu et Mohammed est son prophète) pour devenir musulman.

Cependant la maladresse de la première

vague arabe à l'égard des Berbères comme dans les Aurès, l'humiliation de **KOCEYLA** par OKBA IBN NAFEH, le traitement inégal comme le prélèvement des impôts sur les Berbères alors que le peu d'Arabes d'origine était exempté, ou encore la répartition des trésors de guerre ont fait que, à l'approbation initiale des Berbères, s'est organisée une véritable contestation non pas à l'encontre de l'Islam lui-même, mais vis-à-vis du comportement des conquérants arabes et des privilèges qu'ils s'accordaient au détriment des Berbères.

Malgré ces divergences profondes avec les Arabes, c'est pourtant ces Berbères, convertis à l'Islam qui, à partir de 711 apr. J.-C., vont conquérir l'Espagne, feront une incursion jusqu'à Poitiers en France, et un siècle et demi plus tard, en Sicile et à Malte.

D'ailleurs, on attribue à tort la première conquête de l'Espagne par les Arabes, alors qu'en fait, c'est **TAREK IBN ZIED** un Berbère islamisé originaire de la tribu des Nefzaouas, une grande tribu nomade qui appartiendrait aux groupes des Zénètes originaires de l'Algérie qui, à la tête de 5 000 à 12 000 guerriers berbères aguerris et seulement 27 Arabes qui les accompagnaient en qualité d'imams, qui conquit la terre ibérique en premier.

La conversion était d'autant plus générale que des dignitaires berbères, au fur et à mesure de la maîtrise de l'Islam, créèrent leurs propres califats, moins d'un siècle après l'arrivée des Arabes.

Néanmoins, les Berbères choisiront en masse la doctrine du « Kharidjisme » l'Islam qui prêche l'égalité des hommes et, surtout, que le calife doit être choisi par consensus parmi les meilleurs musulmans sans distinction de race ni de tribu et non plus désigné par l'autorité héréditaire des califats Omeyyades d'orient et leurs successeurs abbassides.

Ces califats, d'ascendance berbère, se feront d'abord aider, pour la propagation et l'interprétation de l'Islam, par la vague des Arabes contestataires émigrant vers le grand maghreb comme suite à la « fitna » en orient pour la succession du prophète ALI (sws), laquelle trouva un accueil berbère plus franc, surtout pour leur servir de guide religieux, eu égard à leur connaissance de l'Islam et de la pratique religieuse et, pour certains d'entre-deux, leur crédibilité ou leur descendance du prophète Mohammed (saw) comme **IDRIS 1er,** accueilli au MAROC (Walili), son frère **SOULEYMAN** à TLEMCEN et **IBN ROSTOM** également à TAHERT (Algérie).

C'est ainsi que naissaient, dès le milieu du VIIIe siècle, les premiers califats islamiques berbères concomitants avec les kharidjites venus d'orient.

Chapitre III

LES ROYAUMES BERBÈRES ISLAMISES

Avant même d'énumérer les royaumes ou les dynasties berbères, il y a lieu de remarquer que quasiment tous les chefs, princes et rois berbères avaient adopté des noms et prénoms à consonance arabe dus à leur islamisation volontaire.

L'autre particularité est les prédicateurs religieux, des hommes de sciences islamiques qui servirent de guide religieux, mais étaient également associés au pouvoir de l'époque tout comme le furent les Églises et les cardinaux catholiques du temps des dynasties européennes.

Ils avaient pour rôle d'enseigner le Coran et de motiver les guerriers pour propager l'Islam et défendre leur territoire ou conquérir d'autres contrées.

Si, dès le début, les Berbères avaient partagé cette charge avec les érudits des sciences islamiques venus de l'orient, ils furent remplacés progressivement par de réels prédicateurs berbères formés en Andalousie et à la Mecque :

Le royaume kharidjite-sufrite de TLEMCEN (742 à 790) à la tête duquel **ABOU QURRA,** un chef de la tribu berbère des **Banou-Ifren*** qui avait été désigné souverain spirituel et temporel par les membres de sa tribu à la suite du décès de son prédécesseur Khalid ibn Hamid al-Zanati.

(Les banou ifren sont une grande tribu berbère Zénète originaire de la région des Aurès, Algérie).

ABOU QURRA fonda la ville de **TLEMCEN,** le siège de son califat et, à la tête d'une armée de 350 000 hommes, il étendra son pouvoir sur une grande partie du Maghreb.

Ses successeurs étendirent leur pouvoir jusqu'en Espagne en créant la taïfa de Ronda en Andalousie, un royaume qui comprend la ville de Ronda même et Séville et dont le fils de QURRA, Abou Nour, sera le premier seigneur de 1039 à 1065.

Après des alliances infructueuses avec ses voisins Idrissides, c'est la dynastie des

Souleymanides, fondait par Mohammed Ibn Souleyman, fils de Souleyman 1er, qui régnera de 814 à 922 sur tout le territoire comprenant la ville de Nador et Jerada à l'Ouest, le Sud algérien incluant El Bayadh, Laghouat et l'Est jusqu'aux frontières de la Tunisie.

Le pouvoir du royaume Soleymanide était situé dans deux villes principales à TEMCEN et TENES.

Le royaume Rostémide de TAHRET (744 à 940) dont les tribus berbères Zénètes des Ifrinites désignèrent **Abd-Rahman IBN ROSTEM** comme l'imam, lequel épousa par alliance une Berbère ifrénide et maria sa première fille à un dignitaire berbère. Le royaume prônait un islam kharidjite-sufrîte d'obédience ibadite.

Les royaumes ROSTEMIDE de **TIARET** et celui **d'ABOU QURRA** de **TLEMCEN** coalisèrent leurs forces militaires et les sciences islamiques avec un allié de marque en la personne de **SOULEYMAN**, le frère d'IDRISS 1er, qui fut d'abord accueilli par le royaume Rostémide à TAHERT puis élu comme prince dans le royaume de Tlemcen, dirigeait par **ABOU QURRA**.

À son apogée, le califat de la dynastie des Rostémides s'étendait, durant deux siècles, du mont de Tlemcen jusqu'en Tunisie et la partie ouest de la Libye.

Le royaume IDRISSITE à Fès (788 à 985) IDRISS 1er fuyant les menaces des Abbassides de Damas, fut accueilli primitivement au Maroc à Walili en 786 et désignait comme Imam, par les tribus berbères des Awrabas, eu égard à sa descendance chérifienne ; il épousa **KENZA,** la fille d'un chef berbère, créa le califat de FÈS en 791 (Maroc) prônant un Islam d'obédience chiite.

Le royaume Idrisside sera mené par **IDRISS II**, le fils d'Idriss 1er comme suite à l'assassinat de son père par le califat Haroun-El-Rachid en 791; il gouvernera le Nord et le centre du Maroc (791 à 985) concomitamment avec le royaume des Berghouata à l'Ouest (741 à 1 148), le califat de Sigilmassa (758 à 1 054) à l'Est ainsi que le califat de Nékor dans le rif (760 à 1 019).

Le royaume Idrisside sera partagé entre les fils d'Idriss II, chacun se voit affecter un territoire qu'il gouverna jusqu'à la destitution de la dynastie des Idrissides par les Fatimides en 985.

Le royaume des Aghlabides

La TUNISIE, a été le terrain de prédilection des civilisations phéniciennes, carthaginoise, et le premier pays dans lequel les Arabes établissaient un califat à KAIROUAN en 690 et qui va servir de point de départ pour l'extension de l'Islam au grand maghreb.

Les Berbères de la Tunisie, primitivement regroupés en tribus confédérées, avaient gouverné concomitamment avec les Rostémides de TAHERT jusqu'en 740.

La Tunisie passera ensuite sous suzeraineté des Abbassides avec l'Émir d'*Al-Aghlab Ibn Salim*, fondateur des Aghlabides lequel gouvernera de 765 à 768 puis, c'est son fils Ibrahim, natif de Kairouan, qui reprendra la relève jusqu'en 812.

Les Aghbalides étaient sous suzeraineté des Abbassides, pratiquaient un Islam sunnite, de 765 jusqu'à leur éviction par les Fatimides en 909.

Chapitre IV

LES DYNASTIES BERBÈRES INDÉPENDANTES

Pratiquement dès le huitième siècle, à mesure qu'ils maîtrisaient les préceptes de l'Islam, les Berbères se sont détachés progressivement de l'emprise arabe des Omeyades et des Abbassides de Bagdad et de Damas, pour devenir ainsi des royaumes indépendants, ou sous suzeraineté moindre.

Ces dynasties fraîchement constituées seront le principal étendard de cette nouvelle religion de l'Islam et deviendront les fervents propagateurs. Leur apogée ira au-delà de leur territoire en s'implantant notamment en Espagne, Malte et la Sicile.

Une fois, l'Islam et la langue arabe du Coran maîtrisés, les Berbères se détachèrent progressivement des prédicateurs de l'Orient, formèrent leurs propres prédicateurs par l'action heureuse des écoles de sciences islamiques de la Mecque et de l'Andalousie musulmane.

Ainsi, les autorités des califats arabes furent remplacées par de vraies dynasties berbères islamisées, issues pour la plupart des trois grandes tribus SANHADJA, ZENATA et MASMOUDA et dont les plus importants sont :

Dynastie des Fatimides

Une tribu berbère des KUTAMA de Béjaia et Jijel (Petite Kabyle Algérie) prédicateur Abu Abd Allah ach-Chi'i (ismaélien d'Irak).

Les Berbères KUTAMA avaient adopté l'Islam Ismaélien et furent le fer-de-lance de la dynastie des Fatimides.

Les Berbères de la Kabyle orientale, située au nord-est de l'Algérie et regroupant une partie de la wilaya de BEJAIA, la wilaya de JIJEL, la partie ouest de SKIKDA et le nord des wilayas de MILA et de CONSTANTINE, regroupèrent tous les chefs des tribus de cette région adulés par la foi de l'Islam Ismaélien d'origine Chiite.

À cette période (IXe siècle) la plupart des dynasties berbères existantes prônaient le kharidjisme à part les Aghbalides de Tunisie d'obédience sunnite.

Bien que le Kharidjisme, le zaidisme et l'Ismaélien soient d'obédience chiite, n'en demeure pas moins que les idéologies des

uns et des autres suscitassent des
controverses d'interprétation religieuse.

Dès le IXe siècle, la dynastie des Fatimides
Kutama va dont partir à la conquête et
livrait bataille aux autres dynasties du
grand maghreb en s'appropriant leur
territoire ou en leur demandant de faire
allégeance avec elle.

Après avoir imposé leur autorité sur les
trois pays du Maghreb et une partie de la
Sicile, ils partent à la conquête de l'Égypte,
créèrent la ville du CAIRE comme capitale
de leur dynastie jusqu'à la fin du
XIIe siècle, en laissant derrière eux
quelques tribus sous suzeraineté.

Dynastie des zirides

Au départ des Fatimides vers l'Égypte, c'est **Bologhine ibn Ziri** qui, à la tête de la dynastie berbère des zirides originaires du Maghreb central (Algérie) fut désigné comme Émir du grand maghreb, par les fatimides et régnait ainsi sur le Maghreb comprenant le Maroc (Sebta, Fès, Sigilmassa, puis tout le Maroc), la totalité de l'Algérie et de la Tunisie et la partie ouest de la Libye au-delà de Tripoli.

Bologhine Ibn Ziri d'abord sous suzeraineté de l'empire Fatimide entre 978 et 1048, il devint Émir indépendant de 1048 à 1148.

C'est **Bologhine Ibn Ziri** qui fonda en l'an 960 la ville actuelle d'ALGER communément appelée EL DJAZAIR en référence aux nombreux îlots face à la ville.

La ville d'Alger (citadelle de l'actuel Casbah) existait déjà depuis l'antiquité, elle est d'abord un port punique, puis la capitale des dynasties berbères sous Juba II et enfin romaine.

À la mort de son père ZIRI IBN MENAD, il reçoit en héritage le Mzab et Msila.

La dynastie des zirides est l'une des dynasties réellement berbères qui sera suivie par d'autres dynasties.

Dynastie des Hammadites

Hammad Ibn Bologhine, fils du ziride **Bogonine Inb Zira,** fonda la dynastie du même nom en 1014 en se déclarant indépendant des zirides.

Initialement, le royaume des hammadites, situé à Al – Qalaâ Ibn Hammad dans la ville de Maadid, wilaya de Msila (Algérie) jusqu'en 1 091 et dont les plus célèbres des vestiges sont le minaret de la Kalaâ Ibn Hammad, que l'on trouve, de nos jours, dans la ville proche de Msila.

Après un règne de presque un siècle, les Hammadites vont subir des attaques par les tribus berbères rivales ainsi que par des mercenaires hilaliens recrutés par les fatimides d'Égypte et envoyés pour punir les zirides qui avaient rompu leurs liens de vassalité.

Bien que la branche des Hammadites eût fait sécession avec les zirides depuis 1014, c'est surtout pour les punir pour leur reconnaissance de la légitimité des Abbassides de Bagdad.

À la suite de ces crises, les Hammadites transfèrent leur royaume à Béjaia où ils régnèrent jusqu'en 1 152.

Curiosité de l'histoire, ce sont les Kutamas de cette région, qui furent à l'origine de la fondation de la dynastie Fatimides, partis de Béjaia pour établir leur siège en Égypte, qui envoyèrent la horde des mercenaires hilaliens, au grand maghreb.

Dynastie des Almoravides

Yahya ben Ibrahim, un chef berbère de la tribu des Djoudala, à son retour de pèlerinage de la Mecque, s'aperçut après coup du manque de connaissances de l'Islam parmi les membres de sa tribu. En questionnant sur son chemin de retour, on lui indiqua un érudit berbère, Abdallah Ibn Yassine, de la tribu des lemtounas.

Abdallah Ibn Yassine commença à enseigner à la tribu un islam rigoriste et puritain, mais son enseignement était rejeté par la majorité de la tribu.

Inspirés du premier ribat de Monastir en Tunisie, une forteresse ou résidaient des guerriers aguerris, formés pour la défense de l'Islam et d'éventuelles conquêtes, Yahya Ibn Ibrahim et Abdallah Ibn Yassine créèrent sept ans plus tard un ribat sur l'île de Tidra situé entre la Mauritanie et le Sénégal, une forteresse militaire ou Abdallah Ibn Yassine y prêchait l'obéissance à la lettre du Coran et l'importance de la discipline militaire pour défendre l'Islam.

En 1054, **Abu Bakr Ibn Omar** de la confédération des **SANHADJA** tribu des

Lemtounas du Sahel sera désigné chef et roi des Almoravides et lance à la tête d'une importante armée, des expéditions, s'approprie de la ville d'Aoudaghost de l'empire du Ghana, remonte vers le nord pour conquérir le sud de l'actuel Maroc.

L'empire des Almoravides, par rois interposés, va conquérir toute la Mauritanie, le Maroc, l'ouest de l'Algérie et une grande partie de la péninsule ibérique qui comprend l'Espagne et le Portugal.

En 1 071, Youssef Ibn Tachfin, premier sultan de la Dynastie fonda la ville de Marrakech et fera sa capitale.

Les almoravides seront défaits un siècle plus tard, en 1147, par une autre dynastie berbère des Almohades.

Dynastie des Almohades

Abdel Moumin, berbère zénète de la tribu Koumya originaire de Horaîne (Algérie) était le disciple de l'éminent prédicateur, **Ibn Toumer**, berbère de la tribu Masmouda de Timtel (Maroc). Ibn Toumer avait fait ses études de théologie en Andalousie, puis à Bagdad pour étudier les sources du droit islamique (Fikh).

De retour, il fut critiqué pour son rigorisme religieux, notamment du fait de s'être déclaré « El Mahdi », l'imam impeccable.

Il se réfugia un moment dans la ville de Bejaia (Petite Kabyle, Algérie) ou il rencontrera **Abdel Moumin,** son fervent disciple, qui sera le fer-de-lance de la dynastie Almohades appelée également les Banou Abd al-Mumin.

Ibn Toumer est l'un des rares prédicateurs berbères à transcrire le Coran en langue Tamazigh ou encore écrire des ordres ou des méditations à ses condisciples dans la langue berbère.

En 1130, à la mort d'Ibn Toumer, Abdel Moumin constitua une forte armée en incorporant les Koumyas de l'actuelle Nédroma, des légionnaires des Banou Hilal et les Masmoudas des hauts atlas du Maroc, après leur avoir caché la mort Ibn Toumer pendant 3 ans, pour les rallier à sa cause sans leur prédicateur originel.

La dynastie Almohade, sous la conduite d'Abdel Moumin et ses successeurs, va gouverner le Maghreb et l'Andalousie de l'an 1 130 à 1 269.

Ils furent à leur tour éliminés par les mérinides en 1 269.

Dynastie des Zianides

Les zianides sont une confédération des tribus berbères originaire des Aurès, leur territoire s'étendait du Sahara jusqu'aux monts de l'Aurès (Algérie).

L'arrivée des Banou Hillal va les pousser à quitter leur territoire et s'installer dans la région de Tlemcen.

YGHMOURACEN Ibn Ziad fonda la dynastie des Zianides favorisée par le déclin des Almohades en 1 236. Il se proclama Émir du royaume de Tlemcen avec la bienveillance de son peuple.

Tlemcen est situé sur la route commerciale nord sud reliant Oran sur la côte jusqu'à l'ouest du Soudan.

En raison de cette position centrale entre d'un côté les Mérinides et de l'autre les Hafsides, Tlemcen fit l'objet de plusieurs incursions de ses voisins sans pouvoir s'y établir durablement.

Il déploya une forte armée composée des

tribus berbères. Il recruta également des chevaliers et archers chrétiens ainsi que des mercenaires arabes des Banou Hillal.

Avec les Mérinides, le royaume Zianide finira par s'entendre avec eux pour fixer la frontière entre les deux royaumes par le fleuve de la Moulouya.

Quant aux Hafsides, le royaume de Béjaia entrera en dissidence à plusieurs reprises contre les hafsides de Tunis, le prince de Béjaïa et ceux de Constantine et Annaba seront séparés de celui de Tunis qui entraînera le morcellement du territoire.

Dynastie des Mérinides

Les Mérinides sont une tribu berbère originaire des Aurès (Biskra) apparentée aux tribus des Wassim.

Au onzième siècle, acculés par l'arrivée des Banou Hillal, ils quittèrent la région pour s'établir dans les hautes plaines de la Moulouya (frontière algéro-marocaine).

D'abord sous suzeraineté des Almohades, ils se détachèrent progressivement et occupèrent le rif dans le nord du Maroc ainsi que la ville de Fès en 1 248 ou ils établirent leur sultanat.

Moins de deux décennies plus tard, ils renversent leurs suzerains Almohades s'approprient la ville de Salé (1 260) puis Marrakech (1 269) et enfin Sigilmassa.

Ils forment, jusqu'en 1465, un empire limité à l'ouest par l'Atlantique, au nord par la Méditerranée, à l'est avec le royaume des Zianides.

Ils font incursion en Andalousie pour

reprendre une partie des territoires de leurs anciens suzerains Almohades qu'ils attaquèrent à quatre reprises, mais la résistance des Castillans et surtout les révoltes internes dans le Draa et Marrakech, à l'intérieur même du royaume, vont réduire leurs ambitions.

En 1299, ils assiègent la ville de TLEMCEN durant huit ans.

La ville de Tlemcen tombera aux mains des mérinides en 1337, mais elle est reprise à nouveau par les Zianides à l'issue d'une confrontation entre les deux belligérants pendant huit ans.

En 1348, ils attaquent les Hafsides de Tunisie et tentent à nouveau, à trois reprises, de reprendre la ville de TLEMCEN où ils restèrent une courte période.

En 1396, les Mérinides, seront amoindris par les attaques contre leurs voisins maghrébins Ziadines et Hafsides, notamment contre les Portugais et Espagnoles.

S'ajoutent à cela des querelles de successions, cinq sultans assassinés et trois meurent à moins de 5 ans après leur accès au pouvoir conjugués par les révoltes répétitives à l'intérieur même de leur empire.

C'est dans cet état, malgré les multiples résistances des Mérinides, que le roi Henri III de Castille s'empara de Tétouan en 1 399 et Gibraltar et Tanger en 1 462.

Le roi Jean 1er du Portugal s'approprie les villes de Ceuta et Perejil en 1 415.

La dynastie des Wattassides succède à celle des Mérinides en 1 472 jusqu'en 1 554 qui sera elle-même évincée par la Dynastie des Saadiens en 1 554.

Dynastie des Hafsides

Les Hafsides sont originaires des tribus berbères des Masmoudas qui règnent sur un territoire constitué par la Tunisie, la Libye et une partie de l'Est algérien de 1207 à 1574.

Sous la suzeraineté des Almohades, ils s'emparent de la Tunisie dont ils feront leur Capitale.

Dès 1229, les Hafsides deviennent indépendants des Almohades et constituent la dynastie des Hafsides qui, par l'action heureuse des conquêtes successives, vont étendre les limites de leur royaume jusqu'à imposer leur suzeraineté à Béjaia, Tlemcen, le Maroc septentrional et l'Espagne des Nasrides de Grenade.

La dynastie Hafside va connaître des troubles qui dureront pendant quarante ans qui déboucheront par la perte progressivement les territoires sous leur suzeraineté : le Sud tunisien et la Tripolitaine se détachent de l'autorité hafside, le Constantinois sera rattaché à l'émirat de Bougie qui devient pratiquement indépendant dès 1 294.

À cela s'ajoutent également les attaques du royaume d'Aragon d'Espagne.

Néanmoins, les Hafsides se maintiendront dans la nouvelle structure territoriale et tenteront même de conquérir d'autres territoires.

Des conflits de successions au pouvoir éclatent au moment même où commence la lutte entre la puissance espagnole et celle des Ottomans pour s'approprier les territoires jouxtant la Méditerranée.

Ils seront renversés en 1 574 dès la perte de Tunis, leur Capitale.

Chapitre V

BERBÈRES, ARABES & LANGUE ARABE

L'islamisation du grand maghreb, un peuple d'origine exclusivement berbère, avait suscité beaucoup de controverses quant à son appartenance aux Arabes.

La première confusion

Elle réside dans la désignation du peuple berbère islamisé, devenu donc musulman, comme étant un peuple arabe, nom de ceux-là mêmes qui avaient, en précurseur, répandu l'Islam dans sa région depuis le VIIe siècle.

Or, la première vague des Arabes arrivée dès l'an 660 sur les terres berbères, était estimée entre 5 000 à 10 000 individus, de surcroît, un contingent militaire et des imams, dont une grande partie se dirigea vers l'Espagne avec l'aide des guerriers berbères islamisés.

La deuxième vague arabe, plus conséquente, arrivée à partir du XI siècle, sera celle des Hilaliens, des Sulayms et des Maquils, des dizaines de milliers de nomades originaires de la péninsule arabique connus pour leur appât du gain et leur qualité de guerriers redoutables, ils seront renvoyés par les Fatimides d'Égypte pour déstabiliser les royaumes berbères qui refusaient la suzeraineté que voulaient leur imposer les fatimides.

Instrumentalisés d'abord par les Fatimides pour piller et dévaster les villes et les récoltes dans les royaumes berbères du grand maghreb, ils seront recrutés, un siècle plus tard, par les dynasties berbères des Zirides, Hammadides, Almohades et Mérinides comme mercenaires dans leur armée, une force d'appoint pour conquérir des territoires ou régler des conflits entre dynasties.

Les guerriers Hilaliens se mettaient à la disposition des dynasties berbères comme mercenaires moyennant des rétributions avec les prises de guerre, des razzias ou encore l'attribution de terres.

Quant à leurs familles, elles seront progressivement sédentarisées dans des territoires généralement arides et désertiques que leur avaient octroyés les dynasties berbères en récompense de l'aide militaire qu'ils avaient apporté en combattant, conjointement avec eux, contre les incursions étrangères ou contre les dynasties berbères pour des différends territoriaux.

Ces familles étaient pour la plupart des cultivateurs et des éleveurs d'ovins et de bovins. Aux saisons sèches, elles pratiquent le pastoralisme pour les pâturages de leurs animaux en nomadisant vers des contrées favorables.

Ces tribus, bien que de souche arabe, vont se mélanger progressivement aux Berbères en contractant des mariages mixtes interethniques, à un tel point qu'il serait assez difficile de les qualifier de pures Arabes, car ces métissages donneront deux entités, celle des Arabes berbérisés, on cite souvent en exemple les tribus des Nememcha ou celles des Ouled Nail (Algérie) comme étant d'origine arabe alors qu'elles se revendiquent, à tort ou à raison, authentiquement berbère et celle des Berbères arabisés comme les membres des dynasties berbères ayant séjourné et gouverné en Espagne, lesquelles étaient davantage imprégnés des us et coutumes des Arabes de l'Andalousie.

Quant aux guerriers hilaliens et Soulayms estimés à environ 50 000, leur effectif se réduira au fil du temps par la mort d'un grand nombre d'entre eux au cours des guerres, gagnées ou perdues, comme la bataille contre les Zirides à Gabès (Tunisie), contre les Hammadides en l'an 1 189 ou celle de Sétif (Algérie) en l'an 1 153 où ils furent battus par les Almohades et obligés un certain nombre d'entre eux à quitter les territoires.

Déportés en l'an 1 188 vers le nord du Maroc, ils seront incorporés dans l'armée Almohades pour combattre les chrétiens d'Espagnols.

Ils seront également recrutés dans les armées des différentes dynasties berbères, dont le royaume des Saadiens contre leurs rivaux Wattassides (Maroc) puis contre les incursions ottomanes en l'an 1 505.

Il n'y a certes pas des statistiques sur les guerriers morts, mais on peut supputer un très grand nombre durant ces multiples batailles.

La seconde controverse

Elle est d'ordre linguistique, au fur et à mesure des siècles, la langue arabe fut utilisée pour diverses raisons, alors que la langue berbère était parlée pratiquement par l'ensemble des citoyens du grand Maghreb.

Chez les citoyens berbères, la langue arabe commençait à être utilisée en dualité avec la langue vernaculaire, quelquefois même, l'une interférant sur l'autre.

Les autochtones berbères apprenaient la langue ou les vocables en arabe dérivées des prêches, les mosquées diffusaient petit à petit cette langue au cours des Khotbas (messes) notamment pour apprendre à réciter les sourates du Coran et les pratiques religieuses aux musulmans berbères convertis.

Quasiment à chaque mosquée était adossée une école où l'on apprenait l'arabe.

Au XI siècle, l'arrivée des tribus arabes Hilaliens, Soulayms et Maquils, se disperseront principalement et à des degrés divers, dans les trois pays du Maghreb (Algérie, Maroc, Tunisie).

Elles vont favoriser l'usage de l'arabe au contact des autochtones, très peu dans la langue arabe classique, mais en y ajoutant l'arabe courant à un parler multilingue composé du punique berbère, le latino berbère, du phénicien, du Carthaginois, du Byzantin et d'autres civilisations ayant foulé le sol berbère. C'est cette nouvelle langue que nous appelons communément aujourd'hui la DARIJA.

Un autre apport non négligeable de la généralisation de l'arabe sera introduit par les dynasties berbères qui gouvernaient et vivaient en Andalousie, suite à la conquête de quelques provinces espagnoles par leurs dynasties.

Ils parlaient couramment l'arabe concomitamment avec les Arabes d'origine qui gouvernaient également en Espagne.

Lors de leur expulsion d'Espagne pendant la Reconquista catholique au quinzième siècle, ils viendront s'installer dans différentes villes du Maghreb (Tlemcen, Constantine, Fès, Tunis) et contribueront à enrichir la DARIJA, qui deviendra la langue du grand Maghreb actuel, bien que parlée différemment d'un pays à un autre.

L'usage de la langue arabe va se substituer progressivement au Tamazight qui était la langue vernaculaire que parlait l'ensemble des citoyens du grand Maghreb.

La langue arabe sera moins introduite parmi les populations rurales dans les montagnes et les hauts plateaux comme chez les Kabyles de la grande et petite Kabylie, les chaouis des Aurès (Algérie) et du Maroc, Les Chleuhs et les Rifains (Maroc) ou encore les gens du Mzab et les Touaregs (Algérie), ceux de Djerba (Tunisie) et ceux du Djebel Nafoussa (Lybie) entre autres ; ces populations berbères ont su conserver le berbère comme langue du quotidien car ils furent moins imprégnés par rapport aux Berbères des plaines.

D'ailleurs, selon que l'on parle le berbère ou l'arabe, va émerger un paradoxe identitaire, suscité par les Berbères eux-mêmes qui assimilent ceux parlant berbère comme étant les authentiques Berbères alors que ceux qui ne le parlaient plus seront catalogués comme étant des Arabes alors que, mathématiquement, les dizaines de milliers d'Arabes de souche, introduites en terre berbère, ne pouvaient transformer radicalement une communauté de plusieurs millions de Berbères en une racine arabe hormis l'adoption de leur langue.

Mais l'attrait de la langue arabe n'était pas réservé au seul usage de la communication intracommunautaire.

La langue arabe dite « Classique ou littéraire » sera celle des prédicateurs berbères, formés dans les instituts d'études islamiques et de droit musulman, principalement à La Mecque et en Andalousie ; ces nouveaux érudits vont la transmettre aux oulémas aux imams et aux zaouïas de différentes confréries religieuses qui, à leur tour, la propageront parmi les citoyens.

Les Califats et Émirs des royaumes berbères ainsi que les nobles et les érudits vont, quant à eux, s'intéresser aux aspects scientifiques, philosophiques et littéraires de la langue arabe à son apothéose en Andalousie.

L'engouement pour l'arabe classique, tout comme le furent précédemment les langues puniques, grecques et romaines, sera plus prolifique parmi les Berbères d'autant qu'à cette époque, la langue arabe était considérée comme la langue du savoir, également un vecteur des savoirs des autres civilisations ; elle avait d'ailleurs contribué notablement à la renaissance des pays occidentaux.

C'est dans cette langue arabe qu'émergeront d'illustres savants berbères comme Abbas Ibn Firnas berbère natif de Ronda (Espagne) qui a, entre autres qualités, inventa la machine à voler.

Sans faire l'apologie de la langue arabe, il faut cependant reconnaître que cette langue avait été le premier vecteur à réunir et enrichir les sciences et savoirs des anciennes civilisations grecques, romaines, persanes, chinoises, et Indous, pour ne citer que les plus importantes entrent-elles.

Le berceau du rayonnement de la langue arabe fut d'abord, dès l'an 832, les « maisons de la sagesse » à Bagdad ou affluait, de toutes les régions du monde y compris les Berbères, des étudiants et savants en astronomies, Mathématiciens, géographes, philosophes et littérature.

Si, comme par déni, les traducteurs arabes étaient supposés retranscrire simplement ces savoirs en langue arabe, on néglige sciemment l'apport des savants qui, non seulement enrichirent les savoirs de leurs prédécesseurs ou contemporains, mais d'être eux-mêmes à l'origine d'un savoir florissant qui apporta une substance scientifique non négligeable dans le monde et particulièrement à l'occident à partir du deuxième berceau de l'âge d'or des sciences arabo-musulmanes qu'était l'Andalousie.

Des savants Arabes, Berbères et juifs œuvraient, en commun, pour accroître et propager les sciences à travers le monde, notamment, vers leurs proches voisins européens.

Je doute fort que les arabo-musulmans aient copié ce que l'on appelle communément aujourd'hui les chiffres arabes alors que de leur temps, les Grecs et des Romains utilisaient des notations alphabétiques qui donnaient le tournis à un simple comptable même avec un abaque ou un boulier et encore moins les mathématiques qu'ils ne connaissaient guère.

Voici l'illustration d'un calcul à cette époque pour une simple addition :

En chiffres arabes : 9 876+10 499 = 20 375

En chiffres romains :

IX M. IIID IIIL VIIX LVI VI

+ XM IVL IXX IX

= XXM IIII VII V

Imaginons ce que donnerait le calcul d'une simple équation mathématique du 2e degré !

Un savant parmi ceux de l'âge d'or de la civilisation arabo-musulmane, qui avait fréquenté la fameuse maison de la sagesse à BAGDAD n'est autre que Al-Khwarizmi (*Algorithmie),* mathématicien, géographe, astrologue et astronome persan et père de l'Algèbre entre autres.

Son disciple Abu Kamil, connu sous le nom d'Al-hasib Al Misri, ou encore les frères Banou Moussa, d'éminents savants musulmans furent les inspirateurs d'un certain Léonardo FIBONACCI, qui vulgarisera le savoir mathématique des musulmans et surtout les chiffres arabes, dont il sera le vecteur de transmission vers l'occident.

C'est de cette célèbre ville de son époque Béjaia (Algérie) que Fibonacci affinera ses travaux mathématiques au contact d'autres savants et transmettra les chiffres dits arabes vers l'occident.

FICONACCI séjourna pendant plusieurs

années avec son père grand commerçant dans cette ville de Bejaia qui était réputée pour ses échanges commerciaux et un centre culturel universel où se rencontraient des savants du continent méditerranéen.

La troisième controverse

C'est celle qui se pose davantage de nos jours, à savoir : étions-nous colonisés par les Arabes et sommes-nous berbères ou arabes ?

À la première question, la gouvernance des pays du grand Maghreb, pendant le premier siècle de la conquête arabe, des califats berbères avait à leur tête des notables arabes (IBN ROSTUM à Tahert en 761, Idriss 1er au Maroc en 786 et son frère Souleyman à Tlemcen), la Tunisie avait un statut particulier car elle était sous suzeraineté Abbasside mais avec une large autonomie.

Comme il était de coutume et en gage d'alliance à l'égard des tribus berbères, IBN ROSTUM épousa une ifrinide, fille d'un chef berbère et donna également sa première fille en mariage à un autre chef de tribus.

IDRISS 1er fit de même en épousant KENZA, la fille du chef des tribus berbères des Awrabas qui l'accueillit comme imam.

Pratiquement, dès la fin du 8e siècle, des dynasties exclusivement berbères se sont constituées régnant ainsi, sans partage, non seulement sur la totalité du grand Maghreb, mais également dans les pays conquis comme l'Espagne, Malte, la Sicile et les Baléares.

À la seconde question, comme indiqué précédemment, un des critères subjectifs de différenciation, suscité par les Berbères eux-mêmes, sera précisément linguistique : ceux qui parlent le berbère seront considérés comme berbères alors que ceux qui ne le parlent plus seront catalogués comme étant arabes.

Jusqu'à la fin du XVIII, il n'y avait pas de stratification franche entre Berbères et Berbères présumés arabes, malgré les thèses éhontées du colonialisme qui avait grandement contribué en tronquant l'histoire des peuples pour diviser en plusieurs entités les populations afin de mieux asseoir leur pouvoir.

L'empereur NAPOLÉON III lui-même introduisit, lors de son voyage vers les années 1 860 en Algérie, pour des raisons probablement tactiques, la notion d'un « Empire Arabe » qui réunirait l'Algérie colonisée, la Tunisie et le Maroc en phase de l'être et les pays de l'orient déjà sous son empire comme l'Égypte, le Liban et la Syrie entre autres.

Ces thèses colonialistes de la différence interethnique vont d'ailleurs s'estomper par la démonstration en force de l'ensemble des citoyens mobilisés pour combattre leur colonisateur à différentes époques.

En effet, malgré cette dualité arabe berbère, la question identitaire surgira à partir de la fin du XIXe siècle et début du vingtième sous l'impulsion, et pas que, d'un nationalisme identitaire, religieux et social tendant à susciter une sorte de « renaissance citoyenne », réunissant ainsi les différents composants des peuples pour un objectif commun, celui de combattre le colonialisme et recouvrer leur indépendance.

Si tout le monde s'accordait à dire que les populations du grand Maghreb étaient majoritairement musulmanes, la différenciation entre-elles se faisait plutôt sur l'appartenance à une tribu, à une confédération tribale, ou encore à des dynasties berbères régnantes où ayant régné.

On se considérait, selon la région et la dynastie dont on dépendait, comme des Hammadites, Zirides , Zianides, Mérinides, Hafsides ou Aghbalides ; il n'était principalement fait que peu à la référence de l'identité arabe, hormis quelques Berbères, voulant s'anoblir qui se donnaient le titre de chérif, descendant de la lignée du prophète MOHAMMED, ou encore les berbères KUTAMA, de l'actuelle BEJAIA et ses environs, que l'on avait assimilés à tort aux Arabes ismaéliens car ils furent le bras armé des fatimides qui allaient régner sur l'ensemble du grand Maghreb y compris l'Égypte.

Malgré un nombre restreint de citoyens qui voulaient s'assimiler aux Arabes, qualificatif d'arabe d'ailleurs contestés par les vrais arabes de la péninsule arabique eux-mêmes.

Curieusement, l'un des plus grands penseurs musulmans et nationalistes de l'époque, Abdelhamid BENBADIS de Constantine, fit une déclaration presque prémonitoire :

« Le peuple algérien est musulman et aux Arabes il s'apparente, qui dit qu'il s'écarte de ses origines ou qu'il meurt n'est que pur mensonge »

En interprétant à peu près sa déclaration, l'on peut subodorer qu'il fixait déjà les règles identitaires « Nous nous assimilons aux Arabes mais nous ne sommes pas des Arabes ».

Vers le début du XIX siècle, l'idée d'union des différents états pour créer une position forte dans l'arène économique, politique et géopolitique internationale, verra naître ainsi l'union de l'Europe, Union des pays de l'est et la Société des Nations entre autres.

C'est dans cet esprit que naîtra ce que l'on appelle communément « le monde arabe » auquel seront affiliés, pour des critères politiques et géopolitiques, les peuples berbères du grand Maghreb, renforçant ainsi la dimension de ce monde arabe.

La notion d'appartenir au « monde arabe » ne signifiait aucunement que les pays qui en faisaient partie étaient arabes (hormis les pays de la péninsule arabique) ; il se faisait sur un critère exclusivement linguistique et culturel ; il regroupe ainsi tous les pays du proche et moyen orient, le grand Maghreb, quelques pays de l'Afrique qui parlaient la langue arabe ou un dérivé de la langue arabe malgré le truisme des parlers ethniques comme la langue berbère dont dérivent les dialectes kabyles, Chleuhs, Chaouis, rifain et touareg.

Deux courants politiques vont émerger, le panarabisme baasiste d'abord, né en 1947, juste après la deuxième guerre mondiale préconisait la réunification de la « Oumma islamique à connotation religieuse » en une « grande nation arabe » pour défendre les intérêts des pays musulmans colonisés ou indépendants mais sur lesquels règne la menace de l'invasion occidentale après la chute de l'empire Ottomans.

Le parti baathiste est réputé combiner un socialisme et un nationalisme panarabe. Il préconise également un État laïc pour regrouper toutes les composantes d'une nation.

Ensuite, le nasserisme, fondé par Nasser en 1952 après la destitution du roi Farouk, se voulait un éveil du nationalisme arabe pour mener une politique commune et faire entendre leur voix dans la société des nations que l'on appelle SDN.

Enfin, presque tous les dirigeants postindépendance, lors de la fondation de leur état souverain, avaient accentué l'appartenance à la « communauté Arabe » afin de consolider une homogénéité de leurs citoyens et aboutir à une unité nationale commune.

La notion d'affiliation aux pays arabes était aussi une action géopolitique qui regroupa 23 pays, arabes ou non arabes mais sous cet intitulé, pour construire une entité internationale et défendre leurs intérêts communs.

C'est dans cet amalgame d'évènements que naîtra la notion de pays arabes et donc de population arabe des habitants du grand Maghreb, qui dans leur immense majorité, sont originellement berbères.

Chapitre VI

Espagnols et Ottomans au Maghreb

Au seizième siècle, l'Empire ottoman était à son apogée de puissance et combattait l'extension chrétienne des Européens, dans une rivalité plus religieuse contre les alliances des Églises et Rois catholiques mobilisées contre l'Islam.

Territorialement, les Espagnols et les Portugais attaquaient les villes portuaires du littoral méditerranéen depuis la ville de Ceuta (Maroc) jusqu'à Tripoli (Libye) et construisaient des murs et des forteresses où seront cantonnés leurs soldats en prévision d'une reconquête maghrébine, renforcée en cela par l'apport des compétences militaires des musulmans expulsés d'Espagne.

L'Empire ottoman à cette époque se proclamait « armée de l'Islam ». Il venait systématiquement, ou à la demande des pays musulmans du Maghreb, pour contrer les assauts des Espagnols, des Portugais et la coalition des autres pays européens avant, pendant et après la Reconquista espagnole de 1 492.

Les ottomans ont dès lors repoussé les offensives espagnoles et portugaises et récupéré quasiment toutes les villes côtières conquises par ces derniers à l'exception des villes côtières de Ceuta et Melilla et l'îlot de parajil (Maroc) restés sous domination espagnole.

Une fois les pays libérés, les états secourus sont intégrés dans l'Empire ottoman tout en étant autonomes. Les pouvoirs demeuraient soit aux mains des dynasties locales, soit sous la suzeraineté de l'empire comme les régences d'Alger, la régence de Tunis et la régence de Tripoli.

Les janissaires, la milice de l'empire avait souvent des prérogatives dans les postes influents tels que l'armée, les ports et les flux du commerce en Méditerranée.

Les régences conservaient les autres aspects de gouvernance, collectaient l'impôt et fournissaient des guerriers en contrepartie de la protection de l'Empire ottoman.

D'autres territoires berbères loin des grandes villes du littoral, restaient indépendants avec une gestion tribale et patriarcale traditionnelle.

La régence d'Alger :

L'offensive des Espagnols et de Charles Quint, chantres du christianisme contre la ville d'Alger :

En 1510, les Espagnols attaquent la ville d'Alger et échouent à l'occuper, cependant, ils construisirent sur un îlot face à la ville d'Alger, le Perron d'Alger pour leurs futurs assauts (le perron sera repris par Arudj Barberousse en 1 529).

C'est alors que l'Algérie demanda le soutien militaire des ottomans qui constituaient la première puissance du vieux monde de l'époque, pour contrecarrer les attaques des Espagnols et plus tard, celles des Européens.

En 1512, appelé par les Berbères de la petite Kabylie, Ajudj Barberousse tente avec leur concours de reprendre Bejaia des mains espagnoles ; cette tentative échouera et malgré plusieurs attaques successives Béjaia ne sera libérée, que quarante ans plus tard.

En 1 514 les deux frères Barberousse débarquent à Jijel et font de cette ville leur base arrière ou stationnera une armada de 5 000 guerriers berbères, 1 500 Turcs, des arquebusiers et une flotte de 16 galiotes.

Dès 1 516, le corsaire turc Arudj Barberousse débarque à Alger, chasse les Espagnols du perron d'Alger et part au combat pour chasser les Espagnols des principaux forts qu'ils avaient construits sur le littoral algérien (Oran, Mers-el-Kébir, Mostaganem, Bougie et Annaba).

Par ses prouesses militaires contre les Espagnols, il se verra désigner comme sultan d'Alger jusqu'à son décès en 1 518 lors d'une bataille contre les Espagnols à Tlemcen.

Son frère Kheireddine Barberousse se voit, quant à lui, confier l'autorité sur Alger pendant l'absence de son frère Ajudj parti à l'attaque contre les Espagnoles pour les déloger des territoires qu'ils avaient occupés.

Kheiridine Barbarousse disposait d'un effectif militaire restreint contre les forces de l'adversaire, craignant l'imminence d'une attaque espagnole contre Alger, il proposera, sur avis d'une assemblée d'oulémas et de notables algérois, le rattachement de la ville d'Alger à l'Empire ottoman.

En 1519, le sultan Sélim 1er accède à sa demande et lui envoie alors une troupe de 2 000 janissaires munie d'artilleries et 4 000 volontaires turcs aguerris.

En 1541, la ville d'ALGER subira à nouveau l'attaque de Charles Quint, chantre de la chrétienté, qui réussit à coaliser les nations européennes de la côte occidentale de la Méditerranée, il enverra une armada de navires pour prendre Alger et mettre fin, disait-il, aux corsaires qui sèment la terreur en Méditerranée, et ce, après avoir pris Tunis en 1 535.

Son expédition se termina mal, d'abord en raison d'une forte tempête qui jettera ses navires à la côte, le reste de sa flotte subira les attaques de la coalition berbère et turque les contraignant à battre en retraite et se réfugier au Cap Matifou (Bougie).

C'est de ces deux offensives infructueuses que l'on appela désormais ALGER la protégée « Dzair el mountassira ».

La régence d'Alger sera intégrée à l'Empire ottoman tout en étant autonome jusqu'à 1830, avant la conquête de l'Algérie par la France.

Gouvernée d'abord, par les sultans Zianides de Tlemcen et les autres royaumes berbères de Kabylie, du Hodna, du Mzab et de Constantine jusqu'en 1554; l'État algérien, après celui de l'antique Numidie semblable au modèle Romain, sera gouverné sur le modèle ottoman au statut d'une monarchie élective (le monarque est élu et non désigné, de façon héréditaire) incorporant le ralliement des tribus berbères indépendantes à l'exception du royaume de Koukou qui se ralliera plus tard après des offensives de part et d'autre. L'apport du royaume de Kakou sera scellé en 1 560 quand le dey d'Alger épousa la fille du roi berbère de Kabylie.

Se joindra également le sultanat de Touggourt, de la dynastie des Beni Djellab, Laghouat, Ouargla et Djanet dans le sud du

Sahara algérien.

À la tête de l'état, un bey (monarque) de la régence, un Diwan, une sorte d'assemblée de notables et de militaires qui le désigne et joue un rôle consultatif dans la gestion des affaires du pays et un Conseil des ministres sous l'autorité directe du Dey.

Sous l'autorité du Dey, sont désignés des beys (gouverneurs de provinces) répartis sur les régions Beylik Est de Constantine, Beylik de Médéa et le Beylik regroupant Relizane, Oran et Mascara.

Chaque bey gouvernait sa province, répartie en différents cantons à la tête desquels sont désignés des Caïds chargés d'assurer l'ordre et la justice, lever l'impôt sur ses administrés et fournir des guerriers en cas de besoin.

Cette même structure d'état qui intègre également la gouvernance patriarcale des Berbères sera appliquée également dans les Régences de Tunis et de Tripoli.

La régence de Tunis

Gouvernée alors par les hafsides, avant l'arrivée des ottomans, Tunis fut attaquée successivement par les Espagnols puis par Charles Quint qui prendra possession de TUNIS en 1 535.

Les ottomans interviendront à la demande d'aide des Tunisiens ; la Tunisie sera défendue par le corsaire **Turgut Reis,** surnommé « L'Épée tirée de l'islam » et partiellement libérée en l'an 1 560.

Puis en 1574, une seconde offensive ottomane libérera définitivement le pays qui sera doté d'une gouvernance identique à celle de la Régence d'Alger de 1574 à 1705.

Elle passera ensuite sous la dynastie beylicale des Husseinites qui progressivement acquiert son autonomie sous le règne de Hammouda Pacha, puis ses successeurs.

La régence de Tripoli

Conquise en 1 510 par les Espagnols d'abord, puis par Charles Quint qui la cédera en 1 530 à une confrérie religieuse des chevaliers de Saint Jean, Tripoli sera libéré par les ottomans dès 1 551.

Elle sera gouvernée concomitamment par les ottomans et les Libyens jusqu'en 1 840 par la confrérie des Senoussis.

Contrairement à l'Algérie, Le Maroc et la Tunisie, la Libye fut tardivement colonisée par les Italiens en l'an 1911 avec une transition des pouvoirs entre 1943 et 1947 au profit des alliés de la Deuxième Guerre mondiale.

Pouvoir indépendant réunissant les diverses tribus berbères, le pays fut repris en main par les ottomans en 1 835 qui craignaient l'extension de la colonisation française qui venait de débuter par la prise de la régence d'Alger en 1 830.

Pas de régence pour le Maroc

Concernant le Maroc, les ottomans n'avaient pas instauré d'état, mais interviendront à plusieurs reprises à la demande d'abord des Wattassides en 1 554, pour faire face à la menace des Portugais contre la ville de Fès ; les ottomans seront à nouveau sollicités en 1 576 par le Saadien Abd-El-Malek, cette fois-ci pour reprendre Fès et l'installer sur le trône.

En 1578, ils participeront aux côtés de l'armée de ce sultan marocain, composée de 50 000 cavaliers marocains, d'artilleurs ottomans et d'arquebusiers andalous, contre le prince portugais Sébastien 1er et son allié marocain Mohamed al-Moutawakil, ex-roi déchu, à la bataille dite « des trois rois ».

Le roi saadien Abd-El-Malek, le roi portugais Sébastien 1er et son allié marocain, le roi déchu al-Moutawakil, trouveront la mort au cours de cette bataille qui porte leur nom.

Les Marocains, tantôt coalisés avec les Espagnols, tantôt seuls avaient des conflits de territoires avec la régence d'Alger. Les deux belligérants faisaient des incursions épisodiques dans les villes frontières d'Oran, Tlemcen, Oujda et le rif.

Prises et reprises, ces villes feront l'objet d'occupations de courte durée à tour de rôle par les Marocains et la régence d'Alger à l'exception de la ville d'Oujda qui restera sous la dépendance de la régence d'Alger de 1 672 jusqu'en 1795, date à laquelle elle fût reprise avec le rif, par la dynastie des Alaouites.

Toutes les possessions espagnoles d'Algérie, de Tunisie et de Libye seront libérées avec le concours des ottomans, à l'exception de Melilla et Ceuta (Maroc) qui resteront entre les mains des Espagnols jusqu'à ce jour, le Royaume du Maroc n'ayant pas souscrit à l'aide ottomane contre la menace de ses voisins européens.

Cette organisation gouvernementale sera également instaurée dans la régence de Tunis, dans celle de Tripoli (Libye) avec plus au moins de variantes d'un pays à l'autre.

Chapitre VII

Le rôle des Zaouïas

Leur existence remonte dans le passé avec des attributions mystiques, religieuses, sociale et éducative dans les pays du grand Maghreb.

Leur consolidation sera renforcée par la fondation des confréries (Tarikat) dont les fondements d'abord régionalistes vont se répondre au-delà de chaque pays maghrébin pour former des entités coalisées entre elles, par les préceptes soufis quasi identiques.

C'est généralement à partir du XVIe siècle qu'un renouveau des Zaouïas les fera impliquer davantage dans des rôles politiques, et militaires contre la poussée du christianisme espagnole puis la mobilisation des fidèles contre les futures colonisations des pays du Maghreb par les Occidentaux.

Les tribus berbères, indépendantes ou affiliées au pouvoir régalien, furent le berceau de ces confréries qui vont étendre leur influence et consolider leur union.

L'exemple marquant de cette union est la confrérie Rahmaniya (Algérie) d'origine kabyle, mais rayonnante sur l'ensemble de l'Algérie.

Elle jouera un rôle majeur lors de la révolte des MOKRANI contre l'occupant français en 1 871.

La révolte dont le foyer principal était la Kabylie va s'étendre par les adeptes de la confrérie Rahmaniya du centre et l'est de l'Algérie (Cherchell, Alger, Bougie, Skikda, Tébessa) Ouargla dans le Sud, et les Ouled Sidi Cheikh à l'Ouest.

Dans le Sud Algérie, c'est Moussa ag-Amastane, chef berbère des tribus touaregs du Hoggar, membre de la confrérie Tijania qui va repousser les Français de l'an 1 598 à 1900 qui après de moult échecs, les Français finiront par conquérir les territoires du Sud.

Bien que cette révolte n'ait pas atteint son

objectif, dû principalement à l'équipement rudimentaire des armes berbères contre les Français mieux équipés, elle reste néanmoins un symbole de la résistance dans les annales de l'histoire d'Algérie.

Un autre exemple, la zaouïa de Dila (Maroc) de la confrérie soufie, combinant spiritualité et politique, va jouer un rôle prépondérant dans la gouvernance des royaumes berbères du centre du Maroc actuel jusqu'à la conquête du pouvoir par la dynastie des Alaouites en 1 663.

En Lybie, bien que plus tard, la confrérie Senoussiya dynastie originaire de Mostaganem (Algérie) prenne le pouvoir en Libye jusqu'à sa destitution par le coup d'État de Khadafi en 1969.

En Tunisie c'est la confrérie de la Chadiiliya qui jouera un rôle tant religieux que social et politique.

Chapitre VIII

Les débuts de la colonisation

XV et XVI siècle :

D'abord sous un prétexte religieux et civilisationnel, les raisons des colonies se justifieront ensuite par des considérations purement économiques et raciales.

Les Portugais : le premier colonisateur avant la grande ruée européenne du XVIIIe siècle sera celui des Portugais, partis à la conquête du Maghreb, dès l'an 1 415 en occupant les villes marocaines de Ceuta, Tanger et celle sur la côte atlantique de la ville de Anfa jusqu'à l'actuelle Essaouira.

Cette colonisation leur ouvrira l'accès sur l'Ouest africain qui regorge de richesses minières diamants et or entre autres.

Ils se livrèrent également à l'esclavage et ils furent les plus grands pourvoyeurs d'esclaves africains qu'ils déporteront dans les plantations de canne à sucre dans leur possession jusqu'en Amérique latine.

Les Espagnols suivront à peu près au même siècle et au suivant.

Les Espagnols occuperont les îles Canaries, les villes côtières du Maroc Sebta (reprise aux Portugais), Melilla, le rif marocain, Oran (Algérie) et le Sahara occidental.

Contrairement aux Portugais, les Espagnols se livrèrent à une lutte religieuse contre les musulmans pour ne pas les voir revenir en Espagne.

Ils construisirent des forteresses plutôt qu'une colonisation à l'intérieur des pays du grand Maghreb. Ils seront progressivement défaits par l'arrivée des ottomans.

XVIII et XIX siècle :

La ruée des Européens vers le grand Maghreb et l'Afrique débutera, dès le 19e siècle, période à laquelle les règles de la colonisation seront définies lors de la conférence de Berlin en 1 885.

Dès lors, le partage de l'Afrique entre Européens est acté ; commence alors les invasions des pays du grand Maghreb, sous différentes formes de colonisation.

D'abord en désaccord entre eux pour le partage des territoires africains, la France se verra attribuer la plus grande part de gâteau, réunissant l'Algérie, la Tunisie, le Maroc et une grande partie des pays africains.

L'Espagne quant à elle aura le nord et la côte atlantique ouest du Maroc ainsi que le Sahara occidental.

L'impérialisme colonial, une stratégie politique de conquête va, avec les richesses des pays conquis, résoudre les crises économiques que connaissait l'Occident à cette époque, s'enrichir au fil du temps et appauvrir, derechef, les pays colonisés en les dépossédant de leurs importantes richesses minières et agricoles et enfin accroître la puissance des conquérants.

En occultant les vraies raisons de la colonisation, plusieurs supercheries furent avancées par les conquérants, christianiser des peuples athées ou se défendre contre l'Islam victorieux, les autres pour apporter la civilisation à ces peuples prétendument sauvages.

Mais c'est surtout des prétextes fallacieux avancés par les colonisateurs pour occulter la réalité de leurs objectifs, par exemple :

La France en Algérie :

Le coup de l'éventail par le Dey d'Alger en 1 827 contre le consul de France fut le premier prétexte d'incident diplomatique. Le dey d'Alger réclamait simplement à la France le paiement de sa dette consécutive à la livraison de blé algérien pour les troupes de Napoléon entre 1 798 et 1 799.

En fait, la raison première des Français était non seulement de ne pas payer leur dette, mais pouvoir s'approprier les riches trésors du dey d'Alger.

Le second prétexte était celui des corsaires

algériens de la baie d'Alger qui écumaient la Méditerranée en délestant les navires et capturant des otages chrétiens alors que le Dey d'Alger avait renoncé depuis 1 818 à ces pratiques à la suite des bombardements de la flotte britannique en 1 816.

En vérité, ces deux prétextes seront infirmés par la volonté antérieure de la France de susciter un casus belli et ainsi conquérir l'Algérie ; en effet, déjà en 1808, soit presque deux décennies plus tôt, Napoléon avait envoyé un espion du nom de BOUTIN qui après avoir cartographié les côtes algériennes choisit Sidi-Ferruch pour le futur débarquement des armées françaises.

La France en Tunisie :

En 1770, Louis XV prétextant qu'il veut se venger des actes de piraterie, va mobiliser une flotte pour bombarder plusieurs villes de Tunisie.

Après la compétition de souveraineté sur la Tunisie revendiquée notamment par l'Italie et la Bretagne, c'est vers la fin février de l'an 1 881 que la France, sous l'instigation de Jules Ferry, prétextant un différend entre les tribus de Ouled Nahd et les kroumirs aux frontières algérienne et tunisienne va mobiliser l'armée française d'Algérie pour attaquer la Tunisie sur plusieurs fronts, d'abord Tabarka, Bordj-jedid et Sakiet Sidi Youssef puis le Kef, Nabeul et Souk Elarba.

La France au Maroc

En prélude, la stratégie française et même celle de la Bretagne, étaient de pousser le Maroc à contracter un endettement au-dessus de ses moyens en lui faisant signer des conventions commerciales à l'avantage des Européens exemptés de toutes taxes, assorties d'un droit de protection de leur intérêt.

Cette exemption de toutes taxes va amoindrir les recettes fiscales du Maroc d'autant que le sultan affronte déjà les problèmes de collectes d'impôts sur les tribus rebelles (Bled Siba) contre qui il va mobiliser un budget militaire colossal pour les combattre en vain.

Le remboursement des dettes et

l'assainissement financier du Maroc vont servir de couverture à la colonisation du pays.

Chapitre IX

La résistance contre à la colonisation

La colonisation du grand Maghreb par la France et l'Espagne ne s'est pas faite sans résistance acharnée des peuples.

Malgré les rapports de force, les armes modernes des Occidentaux et les armes classiques des colonisés, ces derniers réussirent à pousser ou retarder les envahisseurs grâce à la connaissance de leur territoire et la solidarité tribale ou confédérale contre l'ennemi.

Par exemple la résistance des Algériens par l'Émir Abdelkader de 1830 à 1847, par Chérif Boubeghla en 1 854 suivie par sa disciple Fatma Nsoumer jusqu'en 1 857.

Cette résistance continuera par la révolte en 1871 dirigée par les MOKRANIS de Kabylie, celle de Cheikh BOUHMAMA de 1881 à 1908 ou encore celle des Berbères touaregs du Hoggar qui retardèrent les Français de presque 70 ans, l'occupation française du Sahara n'a eu lieu qu'en l'an 1900.

C'est au tour de la Tunisie avec la révolte de la dynastie des Husseinides en 1 881 contre les Français.

Puis le Maroc, la révolte des Rifains de 1921 contre les Espagnols puis les Français en 1926.

Le leader berbère Abdelkrim El-Khattabi réussira même l'exploit d'instaurer une République du Rif de 1921 jusqu'en 1926.

N'ayant pas réussi à mobiliser les tribus des autres régions marocaines, il combattra de nouveau en 1925 à 1926 contre les Français et leur complice le sultan du Maroc Moulay Youssef qui voulait préserver son royaume.

Et enfin, la Libye opposant la dynastie des Senoussis contre les Italiens dès 1911.

Chapitre X

Colonisation et gouvernance

L'incursion des Portugais du XVe siècle au Maroc était de nature confessionnelle, mais surtout économique et géographique.

À la même époque, les Espagnols déferleront sur les côtes de la Méditerranée du grand Maghreb sous un autre prétexte quasi différent. À la suite de la Reconquista et l'expulsion des Berbères, Arabes et juifs de l'Andalousie, l'Espagne justifiait ses occupations pour contrecarrer, disait-elle, un éventuel retour des Berbères et Arabes en Andalousie.

Les Portugais étaient moins impliqués dans la gouvernance des pays occupés, se contentant de s'approprier les richesses minières et halieutiques.

L'Espagne, également moins impliquée dans la gouvernance, construisait des forteresses et des murs qui seront occupés par une armada de soldats et des navires dans les principaux ports de la côte.

Toutes proportions gardées, c'est la France qui va coloniser à partir du XIXe siècle les trois pays du Maghreb, l'Algérie dès 1830, la Tunisie en 1 881 et le Maroc en 1912.

La France va instaurer deux types d'occupation, L'Algérie deviendra un département français, la Tunisie et le Maroc sous un régime de protectorat.

Mais la gouvernance française, va appliquer la même politique colonialiste pour déchoir les autorités locales d'avant la colonisation :

L'Algérie sera administrée comme un département français avec des institutions calquées sur l'administration française dans les principales grandes villes.

Les tribus des hauts plateaux et du Sahara, entretenant des révoltes constantes, vont échapper au contrôle de l'administration française.

Pour approcher ces populations, la France va créer ce que l'on appelle des « bureaux arabes » dirigés par des militaires, afin d'établir un contact entre les autorités françaises et la population de ces contrées, mais le résultat n'était pas à la hauteur des espérances.

Quelques années plus tard, la France va mobiliser les chefs traditionnels des tribus en les associant au pouvoir.

Le mode tribal sera respecté avec cependant quelques nuances.

Des dignitaires autochtones, seront nommés comme Bachaghas ou Cadi, à la solde de l'occupant, pour servir d'interface entre la France et les tribus, mais l'étendue du pouvoir que leur a concédé l'administration française, spoliation des terres de leurs propres concitoyens, prélèvement d'impôt excessif sur les autochtones déjà dépossédés de leur maigre bien, une justice arbitraire et police répressive, vont éloigner ou au moins désintéresser les tribus de l'autorité française et tenter de conserver le mode de fonctionnement ancestral.

Le gouvernement français en Algérie était composé d'un gouverneur général assisté de généraux militaires disposant de prérogatives élargies, dont l'objectif était de soumettre les tribus rebelles, les exterminer et déporter les hommes en âge de se rebeller.

L'administration française finira par reprendre les trois beyliks de Constantine, d'Alger et d'Oran et conservera administrativement la même structure des trois départements d'Algérie comme avant la colonisation.

Le Maroc, le mode et la hiérarchie du sultan vont être modifiés en y apportant une nouvelle administration afin d'instaurer la mainmise à la fois sur le sultan et ses sujets.

Les sultans du Maroc vont être installés ou déposés au gré du gouverneur du protectorat français au Maroc et ses assesseurs militaires ou civils.

En 1911, le maréchal LYAUTEY monarchiste de son état sera nommé Résident général du protectorat français au Maroc et investi de tous les pouvoirs régaliens.

Dès lors, les sultans et les autorités du Makhzen seront sous sa tutelle.

Le sultan du Maroc sera dorénavant choisi par les Français sans pour autant respecter l'ordre des héritiers du trône ; ils forceront les mains des oulémas et chefs de tribus pour valider leur choix du sultan.

La France va choisir également les tribus rebelles contre le sultan et en faire des alliés à sa cause comme, par exemple, la tribu des Glaoui à qui elle offrira de potentielles richesses du pays et des pouvoirs étendus. C'est d'ailleurs, Tahmi El Glaoui qui va jouera un rôle important pour le compte des Français dans la destitution et l'exil du sultan Mohammed V en 1953 en raison de ses accointances avec le parti de l'Istiklal qui revendiquait l'indépendance du Maroc.

Lyautey installera sur le trône Moulay Youssef à la place de son frère moulay Abdelhafid, forcé d'abdiquer en 1912 et exilé à Marseille en France.

À la mort du sultan Moulay Youssef, c'est encore Lyautey qui va installer son plus jeune fils (le futur Mohammed V) sur le trône du Maroc au détriment de ses deux frères aînés en misant sur sa maniabilité due à son âge (18 ans) et son inexpérience et contre l'avis des oulémas et dignitaires religieux.

Mohammed V sera déchu en 1953 et remplacé par Mohammed Ben Arafa jusqu'au retour d'exil de Mohammed V.

Cependant, l'autorité des sultans était symbolique, car les décisions étaient prises par l'autorité du protectorat français, qui se contentait de leur faire signer les lois et décrets pour se crédibiliser auprès de leurs sujets.

Le maréchal LYAUTEY, va mener une politique stratifiée entre les grandes villes qu'il nommera « le Maroc utile » et le reste « le Maroc inutile » correspondant aux marocains des montagnes, des hauts plateaux et les habitants ruraux.

La Tunisie, bien que les beys Hussainides de Tunis resèrent avec leur statut de bey, leur souveraineté va être considérablement réduite ; dès 1883, ils seront mis sous l'autorité directe des gouverneurs généraux de France et auront quasiment comme mission de signer les décrets de lois élaborés par le résident général.

Ils serviront également d'interface entre les citoyens tunisiens et l'administration française mise en place sur le modèle français.

Il faut attendre les prémices du combat pour l'indépendance mené d'abord dès 1920 par le parti "Destour" puis dès l'an 1934 par le parti "Néo destour", dirigé par Habib Bourguiba, pour voir quelques changements permettant à des Tunisiens d'accéder à des postes de ministre soit trois ministres tunisiens dans le gouvernement général.

Chapitre XI

Extermination des peuples colonisés

En introduction, je cite quelques déclarations de généraux et de gouverneurs français à propos des peuples d'Afrique du Nord qui démontrent, sans équivoque, l'idéologie du colonisateur.

C'est cet esprit qui sera mis à exécution dans les trois pays du Maghreb quelques années après la célèbre *D*éclaration des droits de l'homme par ces mêmes Français en 1 789.

« Messieurs, il faut parler plus haut et plus vrai, il faut dire ouvertement qu'en effet les races supérieures ont un droit vis-à-vis des races inférieures ». Jules FERRY

« La conquête d'un pays de race inférieure, par une race supérieure, qui s'y établit pour le gouverner, n'a rien de choquant... La nature a fait une race d'ouvriers ; c'est la race chinoise, d'une dextérité de main merveilleuse, sans presque aucun

sentiment de l'honneur… ; une race de travailleurs de la terre, c'est le nègre… Une race de maîtres et de soldats, c'est la race européenne. » Ernest RENAN 1 871

« Toutes les populations qui n'acceptent pas nos conditions doivent être rasées. Tout doit être pris, saccagé, sans distinction d'âge ni de sexe : l'herbe ne doit plus pousser où l'armée française a mis le pied, voilà comment il faut faire la guerre aux Arabes : tuer tous les hommes jusqu'à l'âge de quinze ans, prendre toutes les femmes et les enfants, en charger les bâtiments, les envoyer aux îles Marquises ou ailleurs. En un mot, anéantir tout ce qui ne rampera pas à nos pieds comme des chiens ». Général Montignac

« Le but n'est pas de courir après les Arabes, ce qui est fort inutile ; il est d'empêcher les Arabes de semer, de récolter, de pâturer, de jouir de leurs champs. Allez tous les ans leur brûler leurs récoltes ou bien exterminez-les jusqu'au dernier. Si ces gredins se retirent dans leurs cavernes, imitez Cavignac aux Sbéhas ! Fumez-les à outrance comme des renards ». Le Maréchal BUGEAUX.

« Des têtes ! Apportez des têtes, des têtes, bouchez les conduites d'eau crevées avec la tête du premier Bédouin que vous trouverez ! » SAVARY, duc de Ravigo.

L'Algérie :

Première colonisation française au Maghreb, l'Algérie sera celle qui sera convoitée en premier pour ses richesses minières, agricoles et l'étendue de son territoire où sera appliquée à la lettre cette politique coloniale insensée.

Ayant mis la main sur Alger, les Français vont devoir affronter la résistance de l'Émir Abdelkader dans l'ouest et le centre de l'Algérie, les Français vont mettre à exécution la notion de « la terre brûlée ».

À partir de 1830 jusqu'en 1870, pas moins de 400.000 Algériens avaient péri des faits d'armes dont ceux des sinistres enfumages qui consistaient à asphyxier des tribus entières, dont des vieillards, les femmes et enfants enfermées ou réfugiées dans des grottes par l'inhalation des fumées, un concept qui s'illustrera hélas, un siècle plus tard par les chambres à gaz pendant la Deuxième Guerre mondiale.

Une autre et abjecte méthode d'extermination consistait à brûler les récoltes et tous moyens de subsistance des autochtones entraînant ainsi une grande famine et des maladies dues à la sous-nutrition.

Cette politique va s'aggraver encore, lors des soulèvements dirigés en 1 871 par MOKRANI et 250 tribus alliées, pas moins de 10 % de la population sera décimée, déportée, leurs récoltes séquestrées, les arbres brûlés et assujettis à un impôt surdimensionné.

Un autre massacre sera celui de Sétif et de Gelma en 1945 qui engendrera la mort estimée à 45 000 Algériens.

La guerre d'indépendance déclenchée par les Algériens en 1954, baptisée par la France de "la pacification" verra déferler plus de 938 000 soldats français contre une population algérienne qui se soldera par 1 500 000 morts (l'estimation varie selon les historiens), déportés ou disparus, soit un peu moins de deux morts par chaque soldat français en majorité des civils.

Le Maroc :

Même si le Maroc n'avait pas eu autant de désastres que l'Algérie, n'en demeure pas moins que les révoltes des autochtones, tantôt contre l'occupant, tantôt contre le pouvoir des sultans complices, engendrera des dizaines de milliers de morts auxquels s'ajouteront les conséquences d'une famine orchestrée.

La plus sinistre extermination sera contre la révolte du rif mené par le leader Abdelkrim El Khattabi.

D'abord vainqueur contre les Espagnols en 1921, une coalition franco-espagnole va mettre fin en 1925-1926 à cette glorieuse guerre au cours de laquelle les Français utiliseront inéquitablement le fameux gaz moutarde pour venir à bout de cette révolution.

On estime la perte de l'armée française dans cette bataille à environ 12 000 hommes, mais la France coloniale n'eut que 3 000 soldats tués, car les 9 000 autres sont des auxiliaires marocains, algériens et sénégalais, l'art et la manière de faire couler le sang des Berbères entre eux.

La perte des Rifains marocains dans cette bataille, on évoque le chiffre de 100 000 personnes, dont un pourcentage important de civils, car le nombre de combattants devait avoisiner 20 000 combattants.

Ironie de l'histoire, ce massacre sera suivi d'une autre répression dans la même région, par Hassan II, qui en 1958, se soldera par au moins 5 000 morts.

La Tunisie :

La Tunisie n'est pas en reste de cette extermination. Rien que l'offensive contre la France entre 1 881 à 1 883 comptera quelque 3 000 morts puis contre les révoltes des Tunisiens depuis 1883, on dénombre des centaines de morts et la bataille de Bizerte compte à elle seule, par moins de 5 000 morts.

Chapitre XII

Spoliations et arrivée des colons

La politique de spoliation des autochtones était semblable dans les trois pays (Algérie, Tunisie et le Maroc), la seule distinction était l'ampleur des richesses dans chaque pays et le mode de gouvernance instauré par les Français.

L'Algérie étant déclarée territoire français c'est ici que déferleront le plus de Français et Européens de plusieurs pays.

Le général Lamoricière en 1 843 illustre parfaitement cette idéologie de la spoliation en déclarant, je le cite : « la soumission des Arabes à notre autorité ne constitue qu'une phase transitoire nécessaire entre la guerre d'occupation et la véritable conquête..., la seule chose pour affirmer nos pas en Algérie, c'est de peupler ce pays par des colons chrétiens s'adonnant à l'agriculture... Pour cela, nous devons tout mettre en œuvre pour attirer le plus grand nombre de colons immédiatement en Algérie et les encourager à s'y établir en leur attribuant des terres dès leur arrivée ».

Ou encore toujours du même général « Ce qu'il y avait de mieux à faire, était de déposséder les tribus… pour mettre les Européens à leur place ».

Et c'est précisément ces actions qui vont être mises en œuvre.

Avant même l'arrivée des colons, ce sera les militaires de l'expédition qui vont s'attribuer des terres en dépossédant les propriétaires autochtones.

L'encouragement de la colonisation de peuplement va voir l'arrivée de contingents des migrants français et d'autres pays européens tels les Italiens, Espagnols, Maltais, Corses et autres.

La France distribua à ces migrants les terres des autochtones dépossédés ainsi que les bêtes de trait, l'extraction des minerais et de charbon.

Les terres seront mises en valeur par une main-d'œuvre, payée à vil prix, par ceux-là mêmes qui étaient les propriétaires, réduits à un quasi-esclavage.

Les fermes étaient d'autant plus rentables que le colon faisait travailler les ouvriers, à sa convenance, les heures et les jours qu'il voulait, arbitrairement et sans la possibilité d'un recours judiciaire.

Les terres continueront à être spoliées, surtout celles des tribus révoltées contre le colonisateur.

À titre d'exemple, pas moins de 450 000 hectares de terre confisqués et redistribués gratuitement aux nouveaux colons lors de la révolte de MOKRANI en 1 871.

Les terres des autochtones étaient régentées par la propriété en indivision, c'est-à-dire que les terres appartenaient à la tribu et non nominativement au nom des membres qui la composent.

Par la supercherie des lois votées entre 1 873 et 1 879 sur la propriété privée mettant fin à l'indivision tribale ou familiale, près de 870 000 hectares de bonne terre seront détournés en faveur des colons.

Avec l'avènement des machines agricoles comme les tracteurs et les moissonneuses-batteuses à la fin du XIXe siècle, les autochtones seront à nouveau dépossédés de leur terre pour peu qu'elle soit accessible à ces engins à la suite des falsifications cadastrales ou des achats à vil prix.

Les seules terres qui restaient aux mains de leurs propriétaires d'origine seront les parcelles inaccessibles à la machinerie agricole ou encore les terres défrichées par les autochtones sur les pentes abruptes pour pouvoir se nourrir.

La France distribuera également aux industriels l'exploitation des mines de charbons, de fer, de phosphate et d'autres minerais présents dans le sol algérien.

Qu'il s'agisse de terres ou des mines, ce sont les autochtones qui seront utilisés comme des ouvriers semi-esclaves, payés à des salaires rudimentaires.

L'aménagement du territoire sera également une opportunité de développer les affaires de familles d'entrepreneurs métropolitains qui formeront un quasi « lobby colonial ».

Outre l'exploitation des mines, ces entrepreneurs se verront attribuer les marchés des infrastructures, tels les villages regroupant les colons, les lignes de chemin de fer et des routes, pour relier les villes entre elles ou pour desservir les propriétés des colons dans les rases compagnes.

Ces réalisations seront majoritairement au profit des colons, car les autochtones ne pouvaient y accéder, leurs moyens financiers permettant à peine de quoi acheter leur subsistance alimentaire composée essentiellement de la farine de blé.

D'ailleurs, les colons symbolisaient le moyen de transport par excellence de l'autochtone par l'expression : « Ali sur son âne », empruntant que des pistes ou à travers champs, dite définition qui est même illustrée dans les manuels scolaires.

Les colons habitaient dans des villas et des bâtiments nouvellement construits pour leur usage, les autochtones dans des gourbis, ceux qui avaient un peu plus de moyens, dans des maisons dites arabes des chambres construites en rez-de-chaussée autour d'une cour, avec pour seul confort, un robinet d'eau commun et quelquefois des toilettes.

Même les lieux de culte musulman où les croyants autochtones retrouvaient un semblant de réconfort en demandant l'assistance du divin, les mosquées seront détruites ou transformées en églises.

La plus célèbre, la mosquée Ketchaouia à Alger deviendra la cathédrale Saint-Philippe.

Les spoliations des terres et des mines de la Tunisie dès 1 881 et celles du Maroc dès 1912 ont été réalisées, à une nuance près de la même manière.

Chapitre XIII

Déculturation des peuples

Sans pour autant faire une apologie, la BERBERIE bien avant, pendant et après la période antique, avait sa propre culture et ses arts qui seront enrichis au contact d'autres civilisations du pourtour méditerranéen, tels l'Égypte des pharaons, les Phéniciens, les Byzantins, les Romains et les Arabes.

Des inventions, des créations, la littéraire, les sciences, les religions, l'organisation étatique et militaire furent parmi tant d'autres, la célébrité des Berbères à travers des siècles.

Sa culture vernaculaire a enrichi, à son tour, les civilisations qu'elle côtoyait pendant des millénaires.

La politique de la colonisation française au fur et à mesure qu'elle s'imposait parmi les autochtones colonisés va, après la dépossession de leurs biens, s'attarder particulièrement à effacer tous les acquis culturels, sociaux et organisationnels pratiquement dans les trois pays que sont l'Algérie, le Maroc et la Tunisie.

Une deuxième phase qui consistera à dépersonnaliser et abaisser la personnalité berbère, leur dignité et leur prestige au motif qu'ils ne sont pas « civilisés » les traitant de « races inférieures » comme au début de l'invasion.

Si la grande majorité des peuples tenait à son attachement aux us et coutumes ancestraux, les Français réussirent néanmoins à attirer vers eux quelques chefs de tribus arrivistes alléchés par l'intérêt pécuniaire et le pouvoir qu'on leur proposait.

En associant des dignitaires berbères à ses œuvres sous le commandement des « bureaux arabes » instaurés en 1 844 en même temps que l'innommable « code de l'indigénat », l'objectif était qu'à leur tour, ils fassent prévaloir l'autorité de l'administration française auprès des familles et des tribus bien que cette manœuvre ne soit à la hauteur des résultats escomptés.

L'organisation sociale traditionnelle des Berbères va être volontairement bousculée, les assemblées (Djama'a) qui régissaient les aspects sociaux et d'arbitrage dans la tribu vont être partiellement ou totalement remplacés par des structures administratives, telles que les communes, les bachaghas et les caïds avec un droit spécifique appliqué aux autochtones communément dit « le droit indigène » alors que le traité de capitulation signé entre la régence d'Alger et la France prévoyait, une clause engageant la France, de ne pas porter atteinte à la liberté des habitants et à leur religion garantissant ainsi aux populations le respect de leur culte et de leurs traditions religieuses.

Une autre volonté française de déculturation des Berbères autochtones sera la privation de l'enseignement.

Alors que les précédentes civilisations ayant vécu parmi les citoyens sur le territoire de la BERBERIE, ne s'opposaient pas à l'enseignement de leur culture auprès des autochtones, la France quant à elle, avait instauré une politique totalement contraire.

De 1830 à 1889 en Algérie par exemple le taux des élèves autochtones inscrits dans les écoles était à peine d'environ 2 % alors que celui des Européens se situait à environ 85 %.

En 1870, une loi ségrégationniste va créer distinctement deux écoles :

Celle de l'enseignement primaire des indigènes avec une méthode restrictive quant aux matières enseignées avec seulement 2 % des enfants autochtones en âge d'être scolarisés.

Et celle de l'enseignement réservé aux enfants européens avec un taux avoisinant 85 % des enfants européens en âge de scolarisation.

Sous la pression des revendications nationalistes dès 1945 à 1962, le taux sera porté à peine à 9 %, soit 91 % d'analphabètes à l'indépendance de l'Algérie.

Deux phénomènes ont joué défavorablement à l'enseignement des enfants autochtones :

En premier, les colons étaient viscéralement contre cet enseignement qui pourrait constituer un éveil culturel susceptible de contrecarrer leurs intérêts.

C'est ainsi que le peu de petits Berbères scolarisés, le colonisateur tentait de les détourner de leur propre histoire en leur faisant apprendre l'histoire et la géographie de France.

Un tour de passe-passe éducatif, qui fera que les enfants berbères apprenaient qu'ils étaient « Gaulois » et non Numides, que VERCINGÉTORIX était leur ancêtre roi qui avait uni les tribus gauloises, mais pas MASSINISSA, leur vrai roi, qui unira les tribus berbères avant lui.

En second, la paupérisation volontaire des autochtones ne leur permettant pas d'envoyer leurs enfants à l'école. Certains d'entre eux fréquentaient les écoles coraniques pour apprendre à lire et à écrire la langue arabe quand ils ne sont pas astreints à la corvée des travaux saisonniers, malgré leur jeune âge, pour aider pécuniairement leurs parents.

Il ne faut pas oublier aussi la politique d'évangélisation d'abord les enfants, puis les parents.

En 1860, les pays du Maghreb ont été frappés par la maladie qui sévissait dans le monde le cardinal Lavigerie, ennemi juré de l'Islam, qui espérait convertir au christianisme le continent africain et anéantir la religion musulmane sur le continent, trouva là l'occasion de mettre en place des associations religieuses, qui sous le prétexte d'aider et soigner les pauvres autochtones, va se livrer à une vraie compagne d'évangélisation.

L'islam étant ancré depuis des siècles, ils réussirent néanmoins à convertir des autochtones qui le faisaient non pas par conviction religieuse, mais surtout pour avoir de quoi se nourrir en ces périodes de grande famine.

Chapitre XIV

La division des peuples

Jamais la règle de « diviser pour régner » n'a été aussi intensément exercée que par les Français dans les trois pays du Maghreb que sont l'Algérie, le Maroc et la Tunisie avec une stratégie adaptée à chaque pays.

Je ne citerais ici, en exemple, que le cas de l'Algérie qui est facilement transposable aux deux pays et au-delà même jusqu'en Afrique sahélienne.

Certes, il régnait déjà en BERBERIE des formes de tribalisme et de régionalisme qui, à cette époque, était également courant chez les peuples de France, mais le colonisateur va le mettre en avant pour stratifier, en quelque sorte, les populations berbères.

Une des premières tentatives de démantèlement de la structure tribale et la division de ses membres commencera, tout au début de la colonisation.

Lorsque l'Émir Abdel Kader réunit les tribus de l'ouest et du centre pour combattre les Français, deux tentatives conjointes ont été menées par les Français pour désolidariser les tribus de l'est et du Sud avec celles réunifier sous le commandement de l'Émir. Après cela, ce sera la division entre pays voisins, le roi du Maroc, Abd El Rahman, par contrainte ou par intérêts, va s'allier aux Français pour combattre les tribus d'Abdelkader malgré la solidarité des tribus rifaines avec les Algériens.

À partir du sénatus-consulte de 1863, la propriété indivisible, qui sceller l'union tribale de génération en génération, va être anéantie par des lois partitionnant la terre tribale en propriété privée de chaque individu, ce qui amènera, derechef, le fractionnement des tribus en plusieurs entités disloquées mettant ainsi à mal le pouvoir des tribus.

Le colonisateur va redistribuer des parcelles de terre arrachées aux tribus, pour les donner aux caïds et bachaghas désignés par lui, selon l'importance de leur influence ou la dimension de leurs tribus, vassalisant de fait ces chefs pour les dissocier des autres tribus, créant ainsi des tribus (ou leurs chefs) supposées être favorables à la France, et des tribus rebelles contre l'occupant.

MOKRANI, qui fut désigné par les Français comme bachagha acceptant cette charge plus pour préserver ses tribus que par alliance avec le colonialiste.

Malgré cette désignation, c'est lui qui va soulever une révolte contre les Français en 1 871 entraînant avec lui des soulèvements des tribus berbères dans d'autres régions.

À l'inverse, le bachagha BEN GHANA va quant à lui, coopérer intensément avec le colonisateur allant jusqu'à combattre les tribus berbères rebelles.

Sous l'autorité des bachaghas, il y avait de nombreux caïds recrutés également par la France qui, par intérêts ou pour l'attrait du pouvoir, vont exécuter les basses besognes pour séparer et brimer des tribus berbères sous le commandement des « bureaux arabes », une structure administrative chapeautée par des militaires français.

Combien même firent-ils alliance avec le colonisateur pour servir comme simple passerelle pour vassaliser les tribus ; ils ne seront pas élevés pour autant à l'égal de celui des Français, mais d'un statut de collaborateurs disposant de quelques privilèges en contrepartie des services rendus.

L'autre subterfuge qu'utilisera le colonisateur sera celui de corrompre l'origine ethnique des Berbères et leur religiosité.

Parmi les plus rebelles contre la colonisation que furent les tribus peuplant les montagnes, la France va instaurer un séparatisme social en deux catégories, celle qui parle la langue arabe et l'autre la langue berbère, créant ainsi une dualité linguistique, mais pas seulement, puisqu'elle va y accoler un autre facteur, celui de la religion.

Aux uns, elle tentera de les persuader qu'ils sont d'origine romaine, par conséquent plus proche des Européens (la Kabylie), les autres seront décrétés d'origine arabe, donc des étrangers envahisseurs (le reste de la population autochtone).

À partir de cette première stratification, interviendra le facteur religieux distinguant le chrétien et le musulman et celui des

Berbères sédentaires et les Berbères nomades (Touaregs du Sahara).

La France va tenter de christianiser les Berbères et couper ainsi leur attachement à la religion musulmane qui leur semblait être l'ossature de leur unité.

Dans les contrées sédentarisées, les missionnaires évangéliques des pères blancs en particulier, vont s'installer au sein même des populations, en tentant de les persuader de se convertir au christianisme au prétexte que déjà, pendant la période romaine, un de leur ancêtre, l'illustre berbère SAINT AUGUSTIN de Souk Arras (Algérie) était chrétien et fervent défenseur de cette religion.

Auprès des nomades du sud, une autre mission d'évangélisation sera tentée parmi les Touaregs par l'ermite Charles de Foucault.

Soupçonné d'être également espion pour cartographier le Sahara au profit des militaires français, il sera assassiné par la communauté des Touaregs en 1916.

L'illustre écrivain et philosophe français
Diderot, lui-même disait que les Kabyles
"ils *se font l'honneur d'être chrétiens
d'origine, haïssant les Arabes et les autres
peuples africains* " dissimulant ainsi de
dire ne serait-ce que par honnêteté intellec-
tuelle, que le christianisme au Maghreb et
particulièrement en Algérie n'a été introduit qu'au quatrième siècle après Jésus
Christ, qu'il fût pratiqué davantage par les
citoyens romains ou romanisés, les légions
et auxiliaires de l'armée romaine et
quelques nobles berbères et, ne durera
qu'un peu moins de deux siècles jusqu'à
l'arrivée des vandales, qui vont persécuter
puis détruire tous les cultes chrétiens et
juifs.

Un siècle plus tard, c'est au tour des Byzantins de s'attaquer aux chrétiens pour des
querelles doctrinales entre chrétiens.

Un autre critère de stratification de
moindre importance sera l'origine morpho-
logique des yeux bleus.

La France expliquera, ceux qui avaient les
yeux bleus étaient d'origine romaine, donc

Européens, alors que de sérieuses études scientifiques définissaient que le phénomène des yeux de couleur bleue était génétiquement lié à des ancêtres ayant vécu près de la mer noire il y a au moins - 6 000 ans avant Jésus Christ, ce qui infirme la thèse de l'origine romaine.

Plus près de nous, en date, je retranscris ci-dessous un éditorial que j'écrivais en 2012 qui donne un aperçu de la dernière action coloniale de division ethnique :

« DAHIR BERBÈRE AU MAROC ET PÈRES BLANCS EN KABYLIE

Le Dahir berbère signé en 1930 contre son gré par Mohammed V, âgé à peine de 20 ans, avait pour but essentiel de diviser le peuple marocain en deux entités ethniques pour mieux les maîtriser et surtout casser le facteur le plus significatif de leur union : l'Islam.

La teneur de ce dahir consistait à instaurer, une justice coutumière, pour régler les conflits entre berbères selon la coutume et non pas par la justice des deux autres entités tels les caïds (pour les présumés Arabes) et la justice coloniale qui chapeautait le tout selon ses intérêts propres.

Mais cette tentative de division des Marocains par les Français (sujets berbères, sujets arabes et sujets assimilés au colonisateur) a eu un effet inverse, voire inattendu, puisqu'il a été annulé en 1934 sous de multiples actions nationalistes entreprises sous la direction d'un révolutionnaire avant l'heure un certain ABDELKRIM HAJJI.

Bien avant, déjà en Kabylie, les pères blancs étaient également à l'œuvre !

L'action était menée surtout sur le terrain : évangélisation, déracinement culturel, et division des ethnies même entre les Kabyles dociles et les Kabyles révoltés, laissèrent des traces jusqu'à nos jours ou nous entendons répéter, inconsciemment, le langage de cet héritage colonial : " Les Kabyles sont d'origine romaine, les Kabyles sont plus intelligents, les Kabyles sont différents des autres ethnies (pour ne pas dire des autres algériens), je suis kabyle (pas algérien) et des prénoms de « Mohand » qui se rebaptisent en « François » , reniant, par ce geste même, à la fois leur amazighité, leur islamité ancestrale et leur indépendance acquise contre un grand sacrifice humain.

Un père Lavigerie ecclésiastique qui prônait l'évangélisation et un combat acharné contre l'islam (ce ciment de l'union des Maghrébins) par tous les moyens ainsi que les pensées d'un colonial Louis Massignon, qui consiste à désagréger l'entité africaine en général linguistiquement, religieusement, pour inculquer le concept de "colonisation bienfaitrice" !

Si nos ancêtres, en qui était ancrée la notion d'authenticité, de liberté et de religion adoptée, ont su faire face à ce fléau, il est hélas déplorable de constater, de nos jours, que certaines élites d'un communautarisme primaire recherchent plus l'assimilation occidentale pour se donner un certain crédit d'honneur ou de prestige, au détriment de leur valeur ancestrale qui elle, est immuable, authentique et non assimilable, même au prix d'un quelconque pouvoir ou d'autres intérêts ».

Table des Matières

I Berbères dans l'antiquité...............   *11*
II Islamisation *38*
III Les Royaumes berbères islamisés...   *47*
IV Dynasties berbères indépendantes...   *54*
V Berbères, Arabes et langue arabe...   *73*
VI Espagnols et Ottomans au Maghreb   *93*
VII Le rôle des Zaouïas.................. ..   *105*
VIII Les débuts de la colonisation   *108*
IX La résistance face à la colonisation   *115*
X Colonisation et gouvernance............   *117*
XI Extermination des peuples colonisés   *124*
XII Spoliations et arrivée des colons......   *130*
XIII Déculturation des peuples............ ..   *136*
XIV La division des peuples................ ..   *142*
Table des matières........................ ..   *151*
L'auteur... ..   *152*

Sous son nom ou sous le pseudo de **Massine Tacir, Med Kamel Yahiaoui**, essayiste et écrivain éclectique est également l'auteur des ouvrages suivants :

Maximes et Réflexions Contemporaines (essai), une vision lucide sur le terrorisme, la laïcité, Internet, la sexualité, la drogue et pas moins de 500 maximes et citations dans ce pur style littéraire.

Le petit fellagha, un roman narratif pendant la guerre d'Algérie ou s'entremêlent, l'amour, l'amitié, mais aussi la haine et les drames d'une guerre incomprise et dont les séquelles perdurent jusqu'à nos jours.

Que se passe-t-il à Tobicor, un roman de fiction ou Dieu, la Science, les pouvoirs invisibles et l'amour se défient dans des lieux intrigants du désert de Californie jusqu'au Sahara Algérien.

Mais ce qui le passionne plus que de raison, sera cette œuvre « **Berbères et Arabes, l'histoire controversée** » qui reconstitue, pas à pas, l'histoire tronquée des peuples berbères de ce que l'on appelle communément l'Afrique du Nord, relatant la célébrité de ces ancêtres tombés dans l'oubli et susciter la fierté de leur descendance.